孟子大义

唐迪风 著

巴蜀书社

图书在版编目（CIP）数据

孟子大义／唐迪风著. —成都：巴蜀书社，2023.5
（巴蜀百年学术名家丛书）

ISBN 978-7-5531-1906-9

Ⅰ.①孟… Ⅱ.①唐… Ⅲ.①儒家②《孟子》－译文
Ⅳ.①B222.54

中国国家版本馆 CIP 数据核字（2023）第 009708 号

孟子大义

MENGZIDAYI

唐迪风　著

责任编辑	王承军	
出　　版	巴蜀书社	
	四川省成都市锦江区三色路 238 号新华之星 A 座 36 楼	
	邮编 610023　总编室电话：（028）86361843	
网　　址	www.Bsbook.com	
发　　行	巴蜀书社	
	发行科电话：（028）86361847　86361852	
经　　销	新华书店	
印　　刷	成都国图广告印务有限公司	
版　　次	2023 年 5 月第 1 版	
印　　次	2023 年 5 月第 1 次印刷	
成品尺寸	130mm×210mm	
印　　张	4.375	
字　　数	85 千	
书　　号	ISBN 978-7-5531-1906-9	
定　　价	48.00 元	

本书如有印装质量问题，请与本社发行科联系调换

孟子大义序

　　愚生而不见父,幼而嘻游,及长,又不知请益贤师友。其在斯世,直一内愧神明之人尔,恶足以知孟子。然愚虽不学,宁能无言哉!吾闻吾族风化之原,倡自庖牺,历唐虞而三代,文质异数,举不越乎人伦,苟于人伦有遗憾,是虽功烈震寰宇,著述充楹橱,亦适为两间之稊稗,故人伦者,人之所以自尽其才,而为天地立心者也。愚读孔孟书垂四十年,赖先哲之灵,俾不终于迷而不复,审乎天下之乱,非众人之为也。一二予智自雄之士,不安于故常,而日骛于抉破藩篱,以逞其俄顷之私计,而天下之祸乃相引而无已时。盖自战国以来,至于今尤厉。乌乎!邪说不熄,正学不昌,良善不得司政教之枢机。天地阴阳之气有所湮郁,其寄之于人,亢焉则凶残贪戾,卑焉则谗谄面谀,小人则放辟邪侈无所归,君子则奋迅激昂而无以自聊赖,则甚矣习之伤其性也。抑吾思之,吾国治术衰微之迹,肇于晚周,而穷于近世,而其病端在于斫秉彝趣外物,舍平易求新奇。孟子曰："尧舜之道,孝弟而已矣。"又曰："人人亲其亲、长其长,而天下平。"又曰："老吾老,以及人之老,幼吾幼,以及人之幼,天下可运于掌。"果有不绝于人类,而欲邀我神圣祖宗之鉴佑者,其必思所以自反哉!慎勿以愚之不肖,而轻弃吾固有之学。是则愚述孟子之微志也。民国十九年岁次己巳夏六月,宜宾唐迪风。

目　录

第一章　辨义利/1

第一节　舜跖之分/1

第二节　义为《春秋》所贵/3

第三节　出处、进退、辞受/4

第四节　食色/6

第五节　孟子之自待/7

第二章　道性善/9

第一节　性善之渊源/9

第二节　性善之根据/14

第三节　性之本旨/17

第四节　人何以为不善/19

第五节　养心/22

第三章　息邪说/29

第一节　圣贤之忧惧/29

第二节　为我兼爱/30

第三节　富强/37

第四节　并耕/40

第五节　矫廉/44

第六节　乡原/45

第四章　政教/49

第一节　人伦/49

第二节　正身/52

第三节　男女居室/55

第四节　亲亲长长/58

第五节　贵贵尊贤/63

第六节　朋友/67

第七节　教养/69

第五章　守先待后/74

第一节　知言/74

第二节　尧舜禹汤文武周公孔子/76

第三节　清任和/77

第四节　孟子所愿学/79

第五节　孟子所处之时世/81

第六节　孟子不得已而立教/83

跋/85

《孟子大义》重刊记及先父行述/86

校后附记/93

诗文杂著/94

李著《厚黑学》序/94

《仁学》序/95

非战同盟宣言/96

痛　言/97

祭叶子端文/102

书　札/103

歌行一首/105

七律四首/106

五绝一首/106

自题像四言四句/106

主春日用张老除夕诗永萧史元旦诗志谢庞公兼呈大彭阳虞李子/107

挽叶子端联/107

家乡大门联/107

传志交游/108

唐迪风墓志铭/108

唐迪风别传/109

《吴碧柳别传》节选/112

祭迪风文/113

追怀唐迪风先生陈大任夫人/122

赠诗一首/129

《辛未旅燕杂诗》第六十八首/129

挽唐铁风一首/129

读唐迪风先生《孟子大义》感赋/130

民国卅三年重航日记(由成都至法国)/130

第一章　辨义利

第一节　舜跖之分

孟子，学孔子者也。孔子之学，得孟子而益光，战国无孟子，则圣人之志微矣。《孟子》书七篇，恒兢兢于义利之辨。义利之辨，王伯之分，君子小人之界域也。不明乎义利之辨，不足以知孟子，更不足以知孔子。不明乎义利之辨，恶知人之所以为人，恶知道之所以为道，恶知政教之所以为政教？孟子曰：

> 鸡鸣而起，孳孳为善者，舜之徒也。鸡鸣而起，孳孳为利者，跖之徒也。欲知舜与跖之分，无他，利与善之间也。（《孟子·尽心上》）

舜孳孳为善者何？好善也。跖孳孳为利者何？好利也。舜何以好善？习于善也。跖何以好利？习于不善也。舜何以习于善？志于善也。跖何以习于不善？不志于善也。舜、跖同是人，何以或志于善，或不志于善？曰：
明于义利之辨，则志于善；昧于义利之辨，则不志于善。
微乎危乎，学者不可不察也。

《孟子》书第一章云：

> 孟子见梁惠王。王曰："叟不远千里而来，亦将
> 有以利吾国乎？"孟子对曰："王何必曰利？亦有仁义
> 而已矣。王曰：'何以利吾国？'大夫曰：'何以利吾
> 家？'士庶人曰：'何以利吾身？'上下交征利而国危
> 矣。万乘之国弑其君者，必千乘之家；千乘之国弑其
> 君者，必百乘之家。万取千焉，千取百焉，不为不多
> 矣。苟为后义而先利，不夺不餍。未有仁而遗其亲
> 者也，未有义而后其君者也。王亦曰仁义而已矣，何
> 必曰利。"

梁惠王遇守先待后之圣哲，不问远者大者，而先以利
为问，其志趣可知已。夫利与害相接，义与害相违，知利
而不知义。父不必尽其在我之慈，而惟以孝责望于其子。
子不必尽其在我之孝，而惟以慈责望于其父。兄不必尽
其在我之友，而惟以恭责望于其弟。弟不必尽其在我之
恭，而惟以友责望于其兄。夫不必以正自处，而惟以顺责
望于其妇。妇不必以顺自处，而惟以正责望于其夫。人
人欲享便宜，人人都不负责，甘心自暴自弃，而力求酬报
于他人。一家如是，一国如是，父不父，子不子，兄不兄，

弟不弟，夫不夫，妇不妇，上不上，下不下，师不师，友不友，老不老，幼不幼。其进也以利相市，其退也以利相倾，其合也以利相结，其离也以利相坑，政胡以平？教胡以成？家胡以正？国胡以衡？人胡以宁？故孟子首严义利之辨，学者苟于此路认不清，何以言学。

第二节　义为《春秋》所贵

《春秋》贵义而不贵惠，孟子承其旨，于义利之限析之甚严。杨、墨、许行、白圭辈，直情径行，外人伦而为道，溃夷夏之防，重生民之祸，有王者起，在所必诛。

孟子曰：

> 王者之迹熄而《诗》亡，《诗》亡然后《春秋》作。晋之《乘》，楚之《梼杌》，鲁之《春秋》，一也。其事则齐桓、晋文，其文则史。孔子曰："其义则丘窃取之矣。"（《孟子·离娄下》）

又曰：

> 春秋无义战。彼善于此，则有之矣。征者上伐下也，敌国不相征也。（《孟子·尽心下》）

又曰：

> 五霸者，三王之罪人也；今之诸侯，五霸之罪人也；今之大夫，今之诸侯之罪人也。（《孟子·告子

下》)

战国从衡，真伪分争，诸子之言，纷然淆乱，是谓无教。地丑德齐，莫能相尚，胁肩诌笑，比周于市朝，是谓无政。何以无教？所学不外于利尔；何以无政？所行不外于利尔。故利也者，邪说所由横，而乱政所由生也。《论语》曰："谨权量，审法度，修废官，四方之政行焉。兴灭国，继绝世，举逸民，天下之民归心焉。"所重民食丧祭，宽则得众，信则民任焉，敏则有功，公则说。此《春秋》所贵之义也，此孟子所言之义也。

第三节　出处、进退、辞受

义利之分，无处不有，无时不有，然孟子与弟子相问答，尤拳拳致意于出处、去就、辞受、取与之间。以伊尹之元圣，尧舜其君其民之盛德大功，而其本乃在乎千驷一介之不视不取。伯夷、伊尹之不同于孔子也，而其同者，则以行一不义，杀一不辜，而得天下，不为（本顾亭林语）。可知智愚贤不肖之殊，正视其能过此吃紧关头与否为断。

孟子曰：

> 鱼，我所欲也；熊掌，亦我所欲也，二者不可得兼，舍鱼而取熊掌者也。生，亦我所欲也；义，亦我所欲也，二者不可得兼，舍生而取义者也。生亦我所欲，所欲有甚于生者，故不为苟得也；死亦我所恶，所

恶有甚于死者，故患有所不辟也。如使人之所欲莫甚于生，则凡可以得生者，何不用也？使人之所恶莫甚于死者，则凡可以辟恶者，何不为也？由是则生而有不用也，由是则可以辟患而有不为也。是故所欲有甚于生者，所恶有甚于死者，非独贤者有是心也，人皆有之，贤者能勿丧耳。（《孟子·告子上》）

《滕文公篇》云：

陈代曰："不见诸侯，宜若小然；今日见之，大则以王，小则以霸。且志曰：'枉尺而直寻'，宜若可为也。"孟子曰："昔齐景公田，招虞人以旌，不至，将杀之。志士不忘在沟壑，勇士不忘丧其元。孔子奚取焉？取非其招不往也。如不待其招而往，何哉？且夫枉尺而直寻者，以利言也。如以利，则枉寻直尺而利，亦可为与。"

公孙丑问曰："不见诸侯何义？"孟子曰："古者不为臣不见，段干木逾垣而辟之，泄柳闭门而不内，是皆已甚。迫，斯可以见矣。阳货欲见孔子而恶无礼，大夫有赐于士，不得受于其家，则往拜其门。阳货瞰孔子之亡也，而馈孔子蒸豚；孔子亦瞰其亡也，而往拜之。当是时，阳货先，岂得不见？曾子曰：'胁肩谄笑，病于夏畦。'子路曰：'未同而言，观其色赧赧然，非由之所知也。'由是观之，则君子之所养可知已矣。"

《尽心篇》云：

> 古之贤王好善而忘势，古之贤士何独不然？乐其道而忘人之势。

孟子之言类此者甚众，故曰："君子居易以俟命。"

第四节　食色

饮食男女，人之大欲存焉。孟子未尝谓食色之欲为可绝，即宋儒亦未尝以食色之得其正者置之天理之外，特不似逸居无教者之纵恣无度，惟所欲为尔。

《孟子·告子篇》云：

> 任人有问屋庐子曰："礼与食孰重？"曰："礼重。""色与礼孰重？"曰："礼重。"曰："以礼食，则饥而死；不以礼食，则得食，必以礼乎？亲迎，则不得妻；不亲迎，则得妻，必亲迎乎！"屋庐子不能对，明日之邹，以告孟子。孟子曰："于答是也何有？不揣其本而齐其末，方寸之木可使高于岑楼。金重于羽者，岂谓一钩金与一舆羽之谓哉？取食之重者与礼之轻者而比之，奚翅食重？取色之重者与礼之轻者而比之，奚翅色重？往应之曰：'紾兄之臂而夺之食，则得食；不紾，则不得食，则将紾之乎？逾东家墙而搂其处子，则得妻；不搂，则不得妻，则将搂之乎？'"

《孟子·尽心篇》云：

> 说大人，则藐之，勿视其巍巍然。堂高数仞，榱题数尺，我得志，弗为也；食前方丈，侍妾数百人，我得志，弗为也；般乐饮酒，驱骋田猎，后车千乘，我得志，弗为也。在彼者，皆我所不为也；在我者，皆古之制也，吾何畏彼哉？

内重则外自轻，义重则利自轻，养小以失大，人也而邻于物矣，是以君子慎所择。

第五节　孟子之自待

上无道揆，则以势利奔走天下之人而求其用；下无法守，则怵于势利而无以格其非心。孟子不幸而会逢其适，其去就益不能不禀于义，其言曰：

> 广土众民，君子欲之，所乐不存焉。中天下而立，定四海之民，君子乐之，所性不存焉。君子所性，虽大行不加焉，虽穷居不损焉，分定故也。君子所性，仁义礼智根于心。其生色也，睟然见于面，盎于背，施于四体，四体不言而喻。（《孟子·尽心上》）

《公孙丑篇》云：

> 孟子去齐。充虞路问曰："夫子若有不豫色然。前日虞闻诸夫子曰：'君子不怨天，不尤人。'"曰："彼

一时，此一时也。五百年必有王者兴，其间必有名世
者。由周而来，七百有余岁矣。以其数则过矣，以其
时考之则可矣。夫天未欲平治天下也，如欲平治天
下，当今之世，舍我其谁也？吾何为不豫哉？"

　　孟子去齐，居休。公孙丑问曰："仕而不受禄，古
之道乎？"曰："非也。于崇，吾得见王。退而有去志，
不欲变，故不受也。继而有师命，不可以请。久于
齐，非我志也。"

孟子之意，何尝不欲解天下之倒悬。解天下之倒悬，
自必有解之之道。若求急功近效而屈身取容，己之不正，
恶能正人，身之不治，恶能治世。

综孟子之教人与其自处者观之，则知无所为而为为
义，有所为而为为利；有所不为为义，无所不为为利；同于
尧舜为义，为妻妾羞为利；圣学为义，曲学为利；以善养人
为义，以力服人为利；吊民伐罪为义，富有天下为利；正己
以正人为义，枉道以殉人为利；乐天知命为义，垄断富贵
为利；辞受得其当为义，货取为利；好善为义，好名为利；
忘势为义，慕势为利；陈善闭邪为义，阉然媚世为利；礼重
于食色为义，食色重于礼为利；志于仁为义，苟求富强为
利；仰不愧俯不怍为义，不慊于心为利。明达之士，循孟
子之说求之，庶可识生人之坦途矣。

第二章　道性善

第一节　性善之渊源

性善之义，始于孟子乎，抑非始于孟子乎？曰：性善之义，至孟子而加详，非自孟子而始也。前乎孟子而昌言性善者，则有子思之《中庸》。《中庸》首三句云：

> 天命之谓性，率性之谓道，修道之谓教。

教出于道，道出于性，性外无道，道外无教，明示人以性无不善矣。性无不善，故曰：

> 自诚明，谓之性；自明诚，谓之教。诚则明矣，明则诚矣。

《中庸》全篇，所明惟一诚字。诚也者，善也，性之德也。明善所以诚身，诚身斯为明善。教者由诚而明，率其性也；学者得师而明，亦率其性。《中庸》之言曰：

惟天下至诚，为能尽其性；能尽其性，则能尽人之性；能尽人之性，则能尽物之性；能尽物之性，则可以赞天地之化育；可以赞天地之化育，则可以与天地参矣。

尽其性者，可与天地参，则人之所以为人，性之所以为性，舍善固无他道也。《中庸》之言曰：

诚者自成也，而道自道也。诚者物之终始，不诚无物。是故君子诚之为贵。诚者非自成己而已也，所以成物也。成己，仁也；成物，知也。性之德也，合外内之道也，故时措之宜也。故至诚无息，不息则久，久则征，征则悠远，悠远则博厚，博厚则高明。博厚，所以载物也；高明，所以覆物也；悠久，所以成物也。博厚配地，高明配天，悠久无疆。如此者，不见而章，不动而变，无为而成。天地之道，可一言而尽也：其为物不贰，则其生物不测。

夫曰自成，曰自道，曰不诚无物，曰成己成物，曰无息，曰博厚高明悠久，曰不贰云云者，皆所以状诚也，皆所以状性也。准乎此，则无古无今，无内无外，无人无己，无智愚贤不肖。自东自西，自南自北，自上自下，自左自右，无他道焉，惟一诚字而已，惟一性字而已。前乎子思而言性善者，则为孔子。《论语·阳货篇》孔子曰：

性相近也，习相远也。

又曰：

> 唯上知与下愚不移。

韩昌黎氏本此而作《原性》，谓性有上中下三品，然孔子之意实不尔尔。性而有上中下三品，何相近之可言？相近者，相似也，相远者，不相似也。孟子言圣人与我同类者，乃相近之义（本刘蕺山说），宁得有三品之别耶！昌黎不知上知下愚为气质，而以之混于性，遂强分之为三，更以根之利钝，判决性之善不善也，可乎哉？

《易·系辞上》曰：

> 一阴一阳之谓道，继之者善也，成之者性也。仁者见之谓之仁，知者见之谓之知，百姓日用而不知。

继者言其不绝，成者言其不毁，生生之谓继，无息之谓继，可扩充，可达之天下之谓成。仁者曰仁，知者曰知，百姓日用而不知，则性善不由资禀之不同而有异焉，审矣。

《论语·雍也篇》：

> 子曰："人之生也直。"

性非善，何以直。

《孝经·圣治章》：

> 子曰："天地之性，人为贵。"

性非善，何足贵？孔子系《易》之辞又曰：

成性存仁,道义之门。(《易·系辞上》)

穷理尽性,以至于命。(《易·说卦》)

性非善,何以为道义之门? 性非善,何尽为? 前乎孔子,未明言性善而隐含性善之义者,有刘康公。《左传》成十三年载刘之言曰:

民受天地之中以生,所谓命也。是以有动作礼义威仪之则,以定命也。

受天地之中以生,即天命之谓性。动作礼义威仪之则,即率性之谓道。

又前则有《诗·大雅·烝民》篇,其辞曰:

天生烝民,有物有则。民之秉彝,好是懿德。

有物即有则,好懿德为民之秉彝,此诗人言性善也。

又前则有祖伊,其诚纣曰:

不虞天性,不迪率典。(《商书·西伯勘黎》)

辞虽浑括,亦性善之旨。

又前则有祖己,其训高宗曰:

惟天监下民,典厥义。(《商书·高宗肜日》)

典者,常也,义者,人心所同然也。以义为常,性善可知。

又前则有太甲,太甲曰:

> 顾误天之明命。（《商书·太甲上》）

天之明命，天之所以与我者，以其无不善，故曰明。顾误者，尽天之所以与我之量也。

最前则有唐虞之君臣，《虞书》之述帝尧曰："克明俊德。"契承尧命为司徒也，教民以人伦。"父子有亲，君臣有义，夫妇有别，长幼有序，朋友有信。"（《孟子·滕文公上》）以德为性所自具，故能自明，以五伦为人人所能自尽，五常为人人所自有，故可施教。尧之咨舜曰："天之历数在尔躬，允执其中。"（《论语·尧曰篇》）舜亦以命禹，是尧舜禹相传，皆以中道为天所赋于人，人所受于天者，而当时为士之皋陶，则又道之所寄。其言曰：

> 允迪厥德。亦行有九德，亦言其人有德。（《虞书·皋陶谟》）

德为固有，故曰厥曰有也。皋陶之言又曰：

> 天工，人其代之。天叙有典，敕我五典五惇哉！天秩有礼，自我五礼有庸哉！天命有德，五服五章哉！天讨有罪，五刑五用哉！天聪明，自我民聪明；天明畏，自我民明威。（《虞书·皋陶谟》）

言天人不二之义，皆性善之旨也。孔子之所以祖述尧舜，赞美唐虞者，不亦可见欤。

第二节　性善之根据

性善之说，孟子以前之哲人已多言之，而示人以性善之根据，则至孟子而始畅。孟子曰：

> 人皆有不忍人之心。所以谓人皆有不忍人之心者，今人乍见孺子将入于井，皆有怵惕恻隐之心。非所以内交于孺子之父母也，非所以要誉于乡党朋友也，非恶其声而然也。（《孟子·公孙丑上》）

不忍人之心，人所固有，非有所勉强而然，非有所矫揉而然，非有所为而然，其礭然有如此者。孟子曰：

> 恻隐之心，人皆有之；羞恶之心，人皆有之；恭敬之心，人皆有之；是非之心，人皆有之。恻隐之心，仁也；羞恶之心，义也；恭敬之心，礼也；是非之心，智也。仁义礼智，非由外铄我也，我固有之也。（《孟子·告子上》）

恻隐、羞恶、恭敬、是非，情也。恻隐、羞恶、恭敬、是非之心，则仁义礼智之性也。情有动静而性无动静，性不可见而情可见，由可见之情，察其不可见之性，则知仁义礼智之为我所固有，而非由外铄矣。人于固有之义不了，则不达性之本。孟子曰：

> 人之所不学而能者，其良能也；所不虑而知者，

其良知也。孩提之童，无不知爱其亲者；及其长也，无不知敬其兄也。亲亲，仁也；敬长，义也。无他，达之天下也。（《孟子·尽心上》）

爱亲敬长，不待学而能，不待虑而知，征之孩提而无不尔，达之天下而无不尔。而或犹疑焉者，则孟子曰：

> 故凡同类者，举相似也，何独至于人而疑之？圣人与我同类者，故龙子曰："不知足而为屦，我知其不为蒉也。"屦之相似，天下之足同也。口之于味，有同耆也。易牙先得我口之所耆者也。如使口之于味也，其性与人殊，若犬马之与我不同类也，则天下何耆皆从易牙之于味也？至于味，天下期于易牙，是天下之口相似也。惟耳亦然。至于声，天下期于师旷，是天下之耳相似也。惟目亦然。至于子都，天下莫不知其姣也。不知子都之姣者，无目者也。故曰：口之于味也有同耆焉；耳之于声也，有同听焉；目之于色也，有同美焉。至于心，独无所同然乎？心之所同然者，何也？谓理也，义也。圣人先得我心之所同然耳。故理义之悦我心，犹刍豢之悦我口。（《孟子·告子上》）

圣之与凡，同人类也。口之性悦美味，圣凡无有乎弗同也；耳之性悦美声，圣凡无有乎弗同也；目之性悦美色，圣凡无有乎弗同也。若夫悦义理者，心之性也。圣凡同此耳目口,圣凡不同此心哉;圣凡同此心,故圣凡同此性;圣凡同此性,故圣凡同此悦。推而放诸东海而准,推而放诸西海而准,推而放诸南海而准,推而放诸北海而准,推而放诸千百世之上、千百世之下而无不准。曰圣人与我不同类,夫岂其然。

人之恒情信如是矣,更验之于生死之间,仓猝之际,复何如?孟子曰:

> 一箪食,一豆羹,得之则生,弗得则死。呼尔而与之,行道之人弗受;蹴尔而与之,乞人不屑也。(《孟子·告子上》)

> 盖上世尝有不葬其亲者。其亲死,则举而委之于壑。他日过之,狐狸食之,蝇蚋姑嘬之。其颡有泚,睨而不视。夫泚也,非为人泚,中心达于面目。盖归反虆梩而掩之。掩之诚是也,则孝子仁人之掩其亲,亦必有道矣。(《孟子·滕文公上》)

夫箪食豆羹虽甚微,而此刻则关于生死,持以较寻常之万钟列鼎,直不可以数量计,然终不以易其不受不屑之心,可知好恶之良,有非外物所能夺者。而仁人孝子,不忍委其亲,不能不有掩之之道,亦此物此志也。昧者不察,乃欲断此不可断之情,已此不可已之心,灭此不可灭之性,是则可哀也已。

第三节　性之本旨

人性之善,不以长幼而异,不以常变而异,不以圣凡而异,略如上述,而性之本旨究未宣也。孟子曰:

> 口之于味也,目之于色也,耳之于声也,鼻之于臭也,四肢之于安佚也,性也,有命焉,君子不谓性也。仁之于父子也,义之于君臣也,礼之于宾主也,知之于贤者也,圣人之于天道也,命也,有性焉,君子不谓命也。(《孟子·尽心下》)

又曰:

> 求则得之,舍则失之,是求有益于得也,求在我者也。求之有道,得之有命,是求无益于得也,求在外者也。(《孟子·尽心上》)

口之于味,目之于色,耳之于声,鼻之于臭,四肢之于安佚,虽曰性焉,皆有待于外。仁义礼智之性,由事而见,不由事而生,固无待于外也。口之于味,口之融也。目之于色,目之明也。耳之于声,耳之聪也。鼻之于臭,鼻之通也。四肢之于安佚,四肢之雍容也,皆性之一体也,非性之全体也。当听之自天,而不可穷其欲者也。故曰性也有命焉,君子不谓性也。而心之于仁义礼智,则取之吾性而自足。仁莫著于父子,义莫著于君臣,礼莫著于宾主(夫妇亦宾主也),智莫著于贤者,天道莫著于圣人。恻隐之心曰仁，羞恶之心曰义，辞让之心曰礼，是非之心曰智，固有之心曰天道。仁者固有之心存于父子者也，义者固有之心存于君臣者也，礼者固有之心存于宾主者也，智者固有之心存于贤哲者也，天道不动而变，无为而成，是则朋友之常而存于圣人者也。此五者，天之所以与我者也，人之所以自尽其才者也。故曰：命也有性焉，君子不谓命也。孟子曰：

> 无恻隐之心，非人也；无羞恶之心，非人也；无辞让之心，非人也；无是非之心，非人也。恻隐之心，仁之端也；羞恶之心，义之端也；辞让之心，礼之端也；是非之心，智之端也。人之有是四端也，犹有其四体也。有是四端而自谓不能者，自贼者也。（《孟子·公孙丑上》）

仁义礼智四端之端，本字作耑。耑者，物初生之题也。具此四端之性，夫人不让尧舜。具此四端之性，夫人可以为尧舜。孟子曰：

> 夫人岂以不胜为患哉？弗为耳。徐行后长者谓之弟，疾行先长者谓之不弟。夫徐行者，岂人所不能哉？所不为也。尧舜之道，孝弟而已矣。（《孟子·告子下》）

舜何人，予何人，有为者亦若是。颜子之言可思也，颜子之行可师也，学者亦反求诸己而已矣。

第四节　人何以为不善

人之性无不善，而人之所为不皆善，何欤？孟子曰：

> 乃若其情则可以为善矣，乃所谓善也。若夫为
> 不善，非才之罪也。(《孟子·告子上》)

故可以为善者，情之正也。其发而不中节者，情之变
也。情之正者，人情之所安也。情之变者，人情之所不安
也。就孟子之言观之，人之为不善，盖有数因。

(一)由于心失其养。

孟子曰：

> 虽存乎人者，岂无仁义之心哉？其所以放其良
> 心者，亦犹斧斤之于木也，旦旦而伐之，可以为美乎？
> 其日夜之所息，平旦之气，其好恶与人相近也者几
> 希，则其旦昼之所为，有梏亡之矣。梏之反覆，则其
> 夜气不足以存；夜气不足以存，则其违禽兽不远矣。
> 人见其禽兽也，而以为未尝有才焉者，是岂人之情也
> 哉？故苟得其养，无物不长；苟失其养，无物不消。
> 孔子曰："操则存，舍则亡；出入无时，莫知其乡。"惟
> 心之谓与。(《孟子·告子上》)

善出于性，性根于心。心止于善则正，心有所蔽则
放。放矣，则好所不当好，恶所不当恶，习于不善，而与善
日远矣。

(二)由于自暴自弃。

孟子曰：

> 自暴者，不可与有言也；自弃者，不可与有为也。言非礼义，谓之自暴也；吾身不能居仁由义，谓之自弃也。仁，人之安宅也；义，人之正路也。旷安宅而弗居，舍正路而不由，哀哉！（《孟子·离娄上》）

又曰：

> 仁，人心也；义，人路也。舍其路而弗由，放其心而不知求，哀哉！（《孟子·告子上》）

天之所以与我者，无二性。我之所以顺命者，无二理。而乃自绝于天，自外于人，是自求祸也，是自作孽也。

(三)由于弗思。

孟子曰：

> 拱把之桐梓，人苟欲生之，皆知所以养之者。至于身，而不知所以养之者，岂爱身不若桐梓哉？弗思甚也。

又曰：

> 欲贵者，人之同心也。人人有贵于己者，弗思耳。

又曰：

耳目之官不思，而蔽于物，物交物，则引之而已矣。心之官则思，思则得之，不思则不得也。

又曰：

仁义礼智，非由外铄我也，我固有之也，弗思耳矣。故曰："求则得之，舍则失之。"或相倍蓰而无算者，不能尽其才者也。(《孟子·告子上》)

心之所以可贵者，以其有仁义礼智之性也；人之所以可贵者，以其能尽其心也。心而弗思，则心失其官守，心失其官守，则耳目口鼻将蔽于物而恣其好恶之情。夫恣其好恶，非情之原也，情之流荡忘反者尔。

(四)由于境遇。

孟子曰：

富岁，子弟多赖；凶岁，子弟多暴，非天之降才尔殊也，其所以陷溺其心者然也。今夫麰麦，播种而耰之，其地同，树之时又同，浡然而生，至于日至之时，皆熟矣。虽有不同，则地有肥硗，雨露之养，人事之不齐也。

又曰：

人性之善也，犹水之就下也。人无有不善，水无有不下。今夫水，搏而跃之，可使过颡；激而行之，可使在山。是岂水之性哉？其势则然也。人之可使为

不善,其性亦由是也。(《孟子·告子上》)

人性虽善,而不适之习,亦足隐伏其善而使之不著。此饥馑之年,衰乱之国,所由多偷薄之风也。

第五节　养心

仁义礼智之性,具之吾心而自足,信无人而不然也。惟是天下从无现成之圣贤,徒恃天赋之能,终不足以尽其本性之量,则养心尚已,孟子言养心之道有二:一曰存养,二曰扩充。

先言存养。孟子曰:

> 养心莫善于寡欲。其为人也寡欲,虽有不存焉者,寡矣;其为人也多欲,虽有存焉者,寡矣。(《孟子·尽心下》)

欲不必害心,而多欲则为心之害,以心之所安者在简约之义理,而不在应接不暇之声色货利也。孟子曰:

> 饥者甘食,渴者甘饮,是未得饮食之正也,饥渴害之也。岂惟口腹有饥渴之害?人心亦皆有害。人能无以饥渴之害为心害,则不及人不为忧矣。(《孟子·尽心上》)

不以利害动其心,固吾性中自有之功用,然非养之有素,则此功用亦隐而不彰。

上所举二例，皆孟子言存养之最精警者。然而养气一章，答公孙丑之问，则尤透辟，其言曰：

> "敢问夫子之不动心，与告子之不动心，可得闻与。""告子曰：'不得于言，勿求于心；不得于心，勿求于气。'不得于心，勿求于气，可；不得于言，勿求于心，不可。夫志，气之帅也；气，体之充也。夫志至焉，气次焉。故曰：'持其志，无暴其气。'""既曰'志至焉，气次焉'，又曰'持其志，无暴其气'者，何也？"曰："志壹则动气，气壹则动志也。今夫蹶者趋者，是气也，而反动其心。"（《孟子·告子上》）

志者心之所安，气者情之所见。志征乎知，气表乎行，志言乎体，气言乎用，志存乎微而达乎著，气由乎费而通乎隐。视听言动者气也，所以视听言动者志也。志曰气之帅，则气者志之卒徒也；气曰体之充，则志者心之精神也。气者志之气，志者气之志，舍志无以见气，亦无以见志。二者虽有主从，而亦交相为用，诚于中者固必形于外，貌不庄敬者亦必有动于心。告子不知此义，于心与言之不可二者而二之，于内与外之不可二者而二之，此其所以为硬把捉也。孟子示人以志气交修之法，先之以持其志，而继之以无暴其气，以持其志者养心，而即以之养气。以无暴其气者养气，而亦即以之养心。存养如此，可以无憾矣。然而孟子犹虑人之未达也，故下文尤恣言之曰：

　　"敢问夫子恶乎长?"曰:"我知言,我善养吾浩然之气。""敢问何谓浩然之气?"曰:"难言也。其为气也,至大至刚,以直养而无害,则塞于天地之间。其为气也,配义与道;无是,馁也。是集义所生者,非义袭而取之也。行有不慊于心,则馁矣。我故曰,告子未尝知义,以其外之也。必有事焉而勿正,心勿忘,勿助长也。无若宋人然:宋人有闵其苗之不长而揠之者,芒芒然归。谓其人曰:'今日病矣,予助苗长矣。'其子趋而往视之,苗则槁矣。天下之不助苗长者寡矣。以为无益而舍之者,不耘苗者也;助之长者,揠苗者也。非徒无益,而又害之。"(《孟子·公孙丑上》)

　　此节言养气工夫,至为详尽,约之得三言焉。一曰以直,二曰勿忘,三曰勿助长。直者,心之性也,以直养气,犹言气听命于心耳。所谓必有事焉也,气听命于心则通,通故慊;心听命于气则壅,壅故馁。忘者,欲于性中有所损,而不知性之无余也;助长者,欲于性外有所加,而不知性之无阙也。虽然,忘者无益,未若助长之有害也。善学者于此三言而细察之,则虽不中不远矣。

　　或曰:是心也,人皆有之,非独贤者也,非独大人也,而孟子谓贤者能勿丧,大人不失其赤子之心,心果有丧失耶? 不尔,何须存养为。曰人之情随物转其本心为习心用,《大学》所谓有所忿懥则不得其正,有所恐惧则不得其正,有所好乐则不得其正,有所忧患则不得其正是也。心不得其正,则虽有而如失,虽存而如丧。如失如丧,人之至可悲者,安得而不济之以存养之道乎?程明道《识仁篇》云:

> 识得此理,以诚敬存之而已,不须防检,不须穷索。若心懈则有防,心苟不懈,何防之有?理有未得,故须穷索。存久自明,安待穷索?此道与物无对,大不足以名之,天地之用,皆我之用。孟子言万物皆备于我,须反身而诚,乃为大乐。若反身未诚,则犹是二物有对,以己合彼,终未有之,又安得乐?必有事焉而勿正,心勿忘,勿助长,未尝致纤毫之力。此其存之之道,若存得,便合有得。盖良知良能元不丧失,以昔日习心未除,却须存习此心,久则可夺旧习。此理至约,惟患不能守;既能体之而乐,亦不患不能守也。

心性圣凡所同,存养君子所独。同者受之于天,独者修之于己。良知良能元不丧失,又奚足以自多。

存养之事已略具矣,请更进而言扩充。孟子曰:

> 人皆有所不忍,达之于其所忍,仁也;人皆有所不为,达之于其所为,义也。人能充无欲害人之心,而仁不可胜用也;人能充无穿窬之心,而义不可胜用也。人能充无受尔汝之实,无所往而不为义也。

（《孟子·尽心下》）

吾之善,吾之性中有之;吾之不善,吾之性中无之。吾性无不善,故不善为吾心之所不安;吾性一于善,故吾可以扩充以尽吾之才。故性也者,本乎天而成乎人。性本乎天,故不知其所始,不知其所终;性成乎人,故求则得之,舍则失之,得其养则长,失其养则消。充之,则穷不失义,达不离道。不充之,则放僻邪侈无不为。然而荀子则振振有辞矣。《荀子·性恶篇》云:"人之性恶,其善者伪也。今人之性,生而有好利焉,顺是,故争夺生而辞让亡焉;生而有疾恶焉,顺是,故残贼生而忠信亡焉;生而有耳目之欲,有好声色焉,顺是,故淫乱生而礼义文理亡焉。然则从人之性,顺人之情,必出于争夺,合于犯分乱理而归于暴,故必将有师法之化,礼义之道,然后出于辞让,合于文理,而归于治。"察荀子所谓性,与孟子所言之性,截然不同。使性而信如荀子所罪,则孟子扩充之说良无谓矣。荀子所谓性,乃情欲之蔽于物者;蔽于物之情,由于接物而后有,而不由于先天,而荀子则径以为天性有然。使天性而果恶者,则师法之化,礼义之道,不将徒劳而无功也乎? 乌也者,生而黑者也,日浴而使之白,荀子能乎否也? 沙也者,不可食者也,蒸而使之成饭,荀子能乎否也? 荀子谓性者天之就也,不可学,不可事,礼义者,圣人之所生也。人之所学而能,所事而成者也。夫人之性无不恶矣,圣人独非人乎,何以独能生礼义,礼义非善乎?

人为之善,乃生于不善之天性,荀子将何以解我之惑也。荀子任人而不任天,其学以化性起伪为主,不知舍性则伪无自而起,舍天则人无自而然。离天而言人,诬人也;善伪而恶性,诬性也。若荀子者,盖尝闻孟子性善之说而未悟其旨者欤。孟子曰:

> 仁之实,事亲是也;义之实,从兄是也;智之实,知斯二者弗去是也;礼之实,节文斯二者是也;乐之实,乐斯二者。乐则生矣,生则恶可已也,恶可已,则不知足之蹈之、手之舞之。(《孟子·离娄上》)

仁义礼智之性,根于心。仁义礼智之实,流行而不息,生生而不已,曾有不根于心者乎?人而推其爱敬之心,以至于仁至义尽,和顺积中,英华发外,所过者化,所存者神,上下与天地同流,亦只是畅其不息之机,顺其不已之术而已,未尝于天命之性有毫发之增益也。孟子曰:

> 可欲之谓善,有诸己之谓信,充实之谓美,充实而有光辉之谓大,大而化之之谓圣,圣而不可知之之谓神。

又曰:

> 尧、舜,性者也;汤、武,反之也。动容周旋中礼者,盛德之至也;哭死而哀,非为生者也;经德不回,非以干禄也;言语必信,非以正行也。君子行法,以

俟命而已矣。(《孟子·尽心下》)

天即赋吾人以无上之本性,吾人不可不副之以无上之工夫。鸢飞鱼跃,海阔天空,勖哉勉哉,慎毋自馁。(一作"海阔从鱼跃,天空任鸟飞,勖之哉,毋自馁"。)

第三章 息邪说

第一节 圣贤之忧惧

夷夏何以分？分于人伦；人禽何以辨？辨于人伦。故舍正伦无善政，舍明伦无善教。夏而变为夷，中国之忧也；人而流于禽兽，圣人之所深惧也。忧而后设教，惧而后立言，不得已而后讲学，无可奈何而后著书以诏天下后世。孟子之宏识孤怀，孟子所欲痛哭而失声者也。汉代儒者，数数以孔墨并称，洎乎唐代，以昌黎之贤，犹谓孔必用墨，墨必用孔，而近世汪中、曹耀湘诸人，盲于孟子息邪距诐之意，大嘘墨学之焰，浸浸乎欲以淫辞诡辩，夺圣学而代之，而天下之暴行遂不可收拾。虽然，及今犹可图也。升皎日之光，销阴霾之气，惟在申正义以收挞伐之功尔。

周之衰也，学校隳，官守失，天下多得一察焉以自好。譬如耳目鼻口不能相通，内圣外王之道，暗而不明，郁而不发,天下之人,各为其所欲焉,以自为方,流而无归,往而不反,为我也,兼爱也,功利也。不志于仁而图富强也,枉己以求富贵利达也,并耕也,貉道也。以邻国为壑也,无亲戚君臣上下之矫廉也,皆曲学也,而乡原尤足以乱德,故孟子深恶而痛绝之。

第二节　为我兼爱

学说之善,可以救济天下人心之陷溺;学说不善,可以陷溺天下之人心。若杨氏之为我,墨氏之兼爱,其最著也。孟子曰:

> 杨子取为我,拔一毛而利天下,不为也。墨子兼爱,摩顶放踵利天下,为之。子莫执中,执中为近之,执中无权,犹执一也。所恶执一者,为其贼道也,举一而废百也。(《孟子·尽心上》)

晚周群言纷然淆乱,其弊正坐举一废百。举一废百之词,非第以衡杨、墨,亦即以衡百家诸子。呜呼!上天下地,吾辈生其间,其能别淄渑之味欤有几。

《孟子》好辩章云:

> 世衰道微,邪说暴行有作,臣弑其君者有之,子弑其父者有之,孔子惧,作《春秋》。《春秋》,天子之事也。是故孔子曰:"知我者其惟《春秋》乎!罪我者其惟《春秋》乎!"圣王不作,诸侯放恣,处士横议,杨

朱、墨翟之言盈天下。天下之言，不归杨，则归墨。杨氏为我，是无君也；墨氏兼爱，是无父也。无父无君，是禽兽也。公明仪曰："庖有肥肉，厩有肥马，民有饥色，野有饿莩，此率兽而食人也。"杨、墨之道不息，孔子之道不著，是邪说诬民，充塞仁义也。仁义充塞，则率兽食人，人将相食，吾为此惧，闲先圣之道，距杨、墨，放淫辞，邪说者不得作。作于其心，害于其事；作于其事，害于其政。圣人复起，不易吾言矣。昔者禹抑洪水而天下平，周公兼夷狄驱猛兽而百姓宁，孔子成《春秋》而乱臣贼子惧。《诗》云："戎狄是膺，荆、舒是惩，则莫我敢承。"无父无君，是周公所膺也。我亦欲正人心，息邪说，距诐行，放淫辞，以承三圣者；岂好辩哉？予不得已也。能言距杨、墨者，圣人之徒也。（《孟子·滕文公下》）

夫一治一乱者事，所以治乱者心。心治则事无由乱，心乱则事无由治。欲事之治，当于心上求，不当于事上求。故孟子息邪距诐，以正人心，以上承孔子之祖述尧舜、宪章文武。孔子不得大位，不能救民以政，而救民以言，而作《春秋》。《春秋》者，定乱之书，诛心之论，上以责暴君污吏，下以讨乱臣贼子。《春秋》之义行，则乱臣贼子、暴君污吏惕然知所警惧。然不能无所待于王者，孟子所由太息于圣王不作也。圣王不作，诸侯放恣，天下争务于合从连衡，以攻伐为贤，国无善政，人无善教，而杨、墨于是崛起于其时。杨子有见于己,无见于人,故一于为我;墨子有见于齐,无见于畸,故一于兼爱;为我疑于义而非义,兼爱疑于仁而非仁。其流不至于无父无君,率兽食人不止,而或犹谓孟子之言过当,则我不敢知。

《列子·杨朱篇》(《列子》虽伪书,而此篇必有所本)云:"杨子之言曰:古之人,损一毫利天下,不与也;悉天下奉一身,不取也。人人不损一毫,人人不利天下,天下治矣。"又曰:"物之所贵,存我为贵;物之所贱,侵物为贱。"此其为说,固持之有故,然而取与之道,严之可,绝之不可。如杨氏之行不侵物,亦不爱物。人人孤栖孑立,而患难相恤,出入相助,颠危相扶持之路穷矣。杨子又谓:"忠不足以安君,适足以危身,义不足以利物,适足以害生。夫忠以安君,义以利物,谂之于事,信而有征。"杨子乃以其危身害生,拒之而不信,绝之而不为,则虽不忠以危君,不义以害物者,亦可自附于杨氏。以杨氏所重在于为我尔,为我可以恣耳之所欲听,恣体之所欲安,恣目之所欲视,恣意之所欲存,则天下何事不可为。无惑乎杨氏之说,深中于二千年之人心,而幸人之灾,乐人之祸者,踵相接也。

《墨子·鲁问篇》云:"国家昏乱,则语之尚贤尚同;国家贫,则语之节用节葬;国家憙音沉湎,则语之非乐非命;国家淫僻无礼,则语之尊天事鬼;国家务夺侵陵,则语之兼爱非攻。"墨之为治,亦多术矣。然其根本,则在兼相爱,交相利。故《墨子·兼爱》《非命》等篇,数数举此六字,究其所谓爱者,亦曰利而已。墨书言利者以百数计,墨子情见乎辞矣。彼《经上篇》云:"义,利也。孝,利亲也。功,利民也。忠以为利而强君也。"墨子所谓爱者,亦曰利而已。

墨子忧天下之乱,哀天下之不孝不慈,而欲以兼爱救之,其意是也,其行则非。墨子欲泯人亲疏远近之事,其能泯人亲疏远近之心乎?墨子欲泯人亲疏远近之心,其能混一切亲疏远近之事而强同之乎?君子亲其亲以及人之亲,长其长以及人之长,幼其幼以及人之幼。由近及远,由亲及疏,善推其所为,而天下以正,应其势也,顺其情也。墨子兼爱无差等,非人之所能安,充墨者之操,可以为游侠,安能使人人有士君子之行,匹夫匹妇,无一不获其所哉?然此犹善善从长云尔,若核其实,则其害有不可胜言者。今有同病二人于此,一为吾之亲,一为齿与吾亲相若之邻老,而吾仅有药一丸,顾此则失彼,顾彼则失此,墨者将任救其一欤,抑将先吾亲也?先吾亲,则非兼矣;任救其一,则非孝矣。又有二人于此,一为吾父,一为路人,而适逢意外之患,仓猝不及呼,将先免吾父欤?将兼爱欤?兼则力不及,先则有差等,准墨者之道,则于吾父与路人无所择,无所择而幸救吾父,则固借以慰人子之心,无所择而仅救路人,而吾父竟罹其灾,墨子于心安乎否也?夫礼有厚薄,务有缓急,恶乎可兼,恶乎能兼。兼也者,奇而非庸,诡而非正,道在迩,而墨子求诸远,事在易,而墨子求诸难。率兽食人,人将相食,惜乎墨子未之思也。

墨子患夫民之饥不得食,寒不得衣,劳不得息(《明鬼下》),汲汲焉为天下忧不足,而其道乃以短丧薄葬为贵。夫送死为人子之大事,故君子不以天下俭其亲,非直为观美也。《荀子·礼论》云:

> 礼者,谨于治生死者也。生,人之始也;死,人之终也。终始俱善,人道毕矣。故君子敬始而慎终,终始如一,是君子之道,礼义之文也。夫厚其生而薄其死,是敬其有知而慢其无知也,是奸人之道而倍叛之心也。君子以倍叛之心接臧谷,犹且羞之,而况以事其所隆亲乎?故死之为道也,一而不可得再复也。臣之所以致重其君,子之所以致重其亲,于是尽矣。故事生不忠厚,不敬文,谓之野;送死不忠厚,不敬文,谓之瘠。君子贱野而羞瘠,故天子棺椁七重,诸侯五重,大夫三重,士再重。然后皆有衣衾多少厚薄之数,皆有翣菨文章之等,以敬饰之,使生死终始若一;一足以为人愿,是先王之道,忠臣孝子之极也。天子之丧动四海,属诸侯;诸侯之丧动通国,属大夫;大夫之丧动一国,属修士;修士之丧动一乡,属朋友;庶人之丧合族党,动州里;刑余罪人之丧,不得合族党,独属妻子,棺椁三寸,衣衾三领,不得饰棺,不得

昼行，以昏殣，凡缘而往埋之，反无哭泣之节，无衰麻之服，无亲疏月数之等，各反其平，各复其始，已葬埋，若无丧者而止，夫是之谓至辱。

又云：

三年之丧，何也？曰：称情而立文，因以饰群，别亲疏贵贱之节，而不可益损也。故曰：无适不易之术也。创巨者其日久，痛甚者其愈迟。三年之丧，称情而立文，所以为至痛极也。齐衰苴杖，居庐食粥，席薪枕块，所以为至痛饰也。三年之丧，二十五月而毕，哀痛未尽，思慕未忘，然而礼以是断之者，岂不以送死有已，复生有节也哉？凡生乎天地之间者，有血气之属，必有知；有知之属，莫不爱其类。今夫大鸟兽，则失亡其群匹，越月逾时，则必反铅；过故乡，则必徘徊焉，鸣号焉，踟蹰焉，踯躅焉，然后能去之也。小者是燕爵，犹有啁噍之顷焉，然后能去之。故有血气之属，莫知于人，故人之于其亲也，至死无穷，将由夫愚陋邪淫之人与？则彼朝死而夕忘之，然而纵之，则是曾鸟兽之不若也，彼安能相与群居而无乱乎？将由夫修饰之君子与？则三年之丧，二十五月而毕，若驷之过隙，然而遂之，则是无穷也。故先王圣人安为之立中制节，一使足以成文理，则舍之矣。墨子不明古圣王制礼之精意，而短丧薄葬，夫独非人子欤？

奈之何,其忍以不仁不孝,率天下之人也。

《孟子·滕文公篇》云:

> 墨者夷之,因徐辟而求见孟子。孟子曰:"吾固愿见,今吾尚病,病愈,我且往见,夷子不来!"他日又求见孟子。孟子曰:"吾今则可以见矣。不直,则道不见,我且直之。吾闻夷子墨者。墨之治丧也,以薄为其道也。夷子思以易天下,岂以为非是而不贵也?然而夷子葬其亲厚,则是以所贱事亲也。"徐子以告夷子。夷子曰:"儒者之道,古之人'若保赤子',此言何谓也?之则以为爱无差等,施由亲始。"徐子以告孟子。孟子曰:"夫夷子,信以为人之亲其兄之子,为若亲其邻之赤子乎?彼有取尔也。赤子匍匐将入井,非赤子之罪也。且天之生物也,使之一本,而夷子二本故也。盖上世尝有不葬其亲者,其亲死,则举而委之于壑。他日过之,狐狸食之,蝇蚋姑嘬之。其颡有泚,睨而不视。夫泚也,非为人泚,中心达于面目。盖归反虆梩而掩之。掩之诚是也,则孝子仁人之掩其亲,亦必有道矣。"徐子以告夷子,夷子怃然为间曰:"命之矣。"

孟子之言,若是其沉痛也。天下后世之孝子仁人,其尚忍信墨氏之教,而谓孟子为诬墨子也耶?

"天下贫,则从事乎富之;人民寡,则从事乎众之;众而乱，则从事乎治之。"此《墨子·节葬篇》语也。悲夫！悲夫！天下可哀之事，孰大于人子之丧其亲，亲丧而不悲，则人间世安有足悲者？悲之至，故仁人孝子，不忍死其亲，而兴丧祭之礼，以慎夫终而追夫远，死者不足悲，则生者何有焉？亦任其或贫或富、或众或寡、或治或乱，若蚊虻之过乎前可尔，胡为乎墨子乃鳃鳃焉为天下虑也。墨子能舍其顶踵以利天下，而独靳其用之于亲之财，墨子之视其亲，曾不若泛泛之人民也。嘻！其甚矣！寻墨子之力斥厚葬久丧者，以利言也。借曰以利，则更进而不葬不丧，墨子其许之乎？更进而弃置垂死之人，墨子其又将许之乎？更进而杀垂死之人，而杀天下无罪无辜之鳏寡孤独，而杀天下有用之壮者，有德之贤者，墨子其亦将许之乎？推墨子立说之偏，势必至与其所期绝相反，然后已噫！学说之差，其流弊足以杀天下后世如此。

第三节　富强

趋利附势，人类之大患也；趋利附势，人而不人矣。为治而一于富强，何以异于是？孟子曰：

> 今之事君者曰："我能为君辟土地，充府库。"今之所谓良臣，古之所谓民贼也。君不乡道，不志于仁，而求富之，是富桀也。"我能为君约与国，战必克。"今之所谓良臣，古之所谓民贼也。君不乡道，不志于仁，而求为之强战，是辅桀也。由今之道，无变

今之俗,虽与之天下,不能一朝居也。(《孟子·告子下》)

又曰:

求也为季氏宰,无能改于其德,而赋粟倍他日。孔子曰:"求非我徒也,小子鸣鼓而攻之可也。"由是观之,君不行仁政而富之,皆弃于孔子者也,况于为之强战?争地以战,杀人盈野;争城以战,杀人盈城。此所谓率土地而食人肉,罪不容于死。故善战者服上刑,连诸侯者次之,辟草莱、任土地者次之。(《孟子·离娄上》)

又曰:

不教民而用之,谓之殃民。殃民者,不容于尧舜之世。(《孟子·告子下》)

又曰:

徒取诸彼以与此,然且仁者不为,况于杀人以求之乎?君子之事君也,务引其君以当道,志于仁而已。(《孟子·告子下》)

不知者,以孟子为恶富强也;其知者,以为针砭兵、农、纵横诸家也。乃孟子之意,第欲救人存人而已,他非所计也。夫国之富者,货财也;强者,兵革也。货财也者,君子得之以苏天下之困,非奸人所可得而据也;兵革也

者,善人用之以禁天下之暴,定天下之危,非不仁者所可得而假也。孟子曰:

> 不信仁贤则国空虚,无礼义则上下乱,无政事则财用不足。(《孟子·尽心下》)

又曰:

> 有人曰:"我善为陈,我善为战。"大罪也。国君好仁,天下无敌焉。南面而征,北狄怨;东面而征,西夷怨。曰:"奚为后我?"武王之伐殷也,革车三百两,虎贲三千人。王曰:"无畏!宁尔也,非敌百姓也。"若崩厥角稽首。征之为言正也,各欲正己也,焉用战?(《孟子·尽心下》)

又曰:

> 域民不以封疆之界,固国不以山溪之险,威天下不以兵革之利。得道者多助,失道者寡助。寡助之至,亲戚畔之;多助之至,天下顺之。以天下之所顺,攻亲戚之所畔,故君子有不战,战必胜矣。(《孟子·公孙丑下》)

夫惟仁者而后无敌,不仁不义,即幸而富强,其势不可以久。故夺人以为利,不如贫之为愈也;杀人以为功,不如弱之为愈也。古之人,行一不义,杀一不辜,而得天下犹不为,况以不道求富强乎?昔者子贡问政,子曰:"足食足兵,民信之矣。"子贡曰:"必不得已而去,于斯三者,何先?"曰:"去兵。"子贡曰:"必不得已而去,于斯二者,何先?"曰:"去食。"自古皆有死,民无信不立。孔孟之言,若合符节,先圣后圣,其揆一也。盖不富不强,势不过贫弱,贫弱非国之患也,充贫弱之量,不过亡国,亡国而有人,犹可以谋恢复。徒富强而不轨于正,行见众掩寡,智欺愚,壮凌衰,勇威怯,父子为仇敌,兄弟寻干戈,寇盗起于萧墙,刀矛发于枕簟,老幼孤独不得其所,生人之道,荡然无存。足于食者,适以充禽兽之粮;足于兵者,适以供寇盗之用。如始皇方以财赋甲兵蹙六国,不旋踵间,而十二公子僇死咸阳,十公主矺死于杜,骨肉相残,秦亦随之灰烬。后之六朝五季,不鉴其覆辙,而蔑弃圣贤礼教,以急功近利相夸,其成效果奚若?《诗》云:"谁生厉阶,至今为梗。"

第四节　并耕

生民之初,饥而食,饱而嬉,无尊卑,无上下,大害而莫之御,大患而莫之防。有贤者出而图之,为之去其苦,安其居,解其悬,药其疾,礼文其朴僿,澡雪其秽污,而众人奉其尤者而君之,举其次为之辅,而尊卑上下之名分以起。尊焉卑焉,上焉下焉,所以亲仁,所以爱众,所以嘉善,所以矜不能,出于势之不得不然者也。

《孟子·滕文公篇》云:

有为神农之言者许行,自楚之滕,踵门而告文公曰："远方之人,闻君行仁政,愿受一廛而为氓。"文公与之处,其徒数十人,皆衣褐,捆屦、织席以为食。陈良之徒陈相,与其弟辛,负耒耜而自宋之滕,曰:"闻君行圣人之政,是亦圣人也,愿为圣人氓。"陈相见许行而大悦,尽弃其学而学焉。陈相见孟子,道许行之言曰:"滕君,则诚贤君也;虽然,未闻道也。贤者与民并耕而食,饔飧而治。今也滕有仓廪府库,则是厉民而以自养也,恶得贤?"孟子曰:"许子必种粟而后食乎?"曰:"然。""许子必织布而后衣乎?"曰:"否。许子衣褐。""许子冠乎?"曰:"冠。"曰:"奚冠?"曰:"冠素。"曰:"自织之与?"曰:"否。以粟易之。"曰:"许子奚为不自织?"曰:"害于耕。"曰:"许子以釜甑爨,以铁耕乎?"曰:"然。""自为之与?"曰:"否。以粟易之。""以粟易械器者,不为厉陶冶;陶冶亦以其械器易粟者,岂为厉农夫哉?且许子何不为陶冶,舍皆取诸其宫中而用之?何为纷纷然与百工交易?何许子之不惮烦?"曰:"百工之事,固不可耕且为也。""然则治天下,独可耕且为与?有大人之事,有小人之事。且一人之身,而百工之所为备。如必自为而后用之,是率天下而路也。故曰:或劳心,或劳力;劳心者治人,劳力者治于人;治于人者食人,治人者食于人:天下之通义也。当尧之时,天下犹未平,洪水横流,泛滥于天下。草木畅茂,禽兽繁殖,五谷不登,禽兽逼人。兽蹄鸟迹之道,交于中国。尧独忧之,举舜而敷治焉。舜使益掌火,益烈山泽而焚之,禽兽逃匿。禹疏九河,瀹济、漯,而注诸海;决汝、汉,排淮、泗,而注之江,然后中国可得而食也。当是时也,禹八年于外,三过其门而不入,虽欲耕,得乎?后稷教民稼墙,树艺五谷,五谷熟而民人育。人之有道也,饱食、暖衣、逸居而无教,则近于禽兽。圣人有忧之,使契为司徒,教以人伦:父子有亲,君臣有义,夫妇有别,长幼有序,朋友有信。放勋曰:'劳之来之,匡之直之,辅之翼之,使自得之,又从而振德之。'圣人之忧民如此,而暇耕乎?尧以不得舜为己忧,舜以不得禹、皋陶为己忧。夫以百亩之不易为己忧者,农夫也。分人以财谓之惠,教人以善谓之忠,为天下得人者谓之仁。是故以天下与人易,为天下得人难。孔子曰:'大哉尧之为君!惟天为大,惟尧则之,荡荡乎民无能名焉!君哉舜也!巍巍乎有天下而不与焉!'尧舜之治天下,岂无所用其心哉?亦不用于耕耳。"

又云:

"从许子之道,则市贾不贰,国中无伪。虽使五尺之童适市,莫之或欺。布帛长短同,则贾相若;麻缕丝絮轻重同,则贾相若;五谷多寡同,则贾相若;屦大小同,则贾相若。"曰:"夫物之不齐,物之情也;或相倍蓰，或相什伯，或相千万。子比而同之，是乱天下也。巨屦小屦同贾，人岂为之哉？从许子之道，相率而为伪者也，恶能治国家？"（《孟子·滕文公上》）

许行欲君臣并耕，欲人人自食其力，欲齐物价，其说略与荷蓧丈人近，盖所谓农家者流也。《论语》：

> 子路从而后，遇丈人，以杖荷蓧。子路问曰："子见夫子乎？"丈人曰："四体不勤，五谷不分，孰为夫子？"植其杖而芸。子路拱而立，止子路宿，杀鸡为黍而食之，见其二子焉。明日，子路行以告。子曰："隐者也。"使子路反见之。至则行矣。子路曰："不仕无义。长幼之节，不可废也；君臣之义，如之何其废之？欲洁其身，而乱大伦。君子之仕也，行其义也。道之不行，已知之矣。"（《论语·微子篇》）

荷蓧、许行，识小而不识大，知同而不知别，重养而不重教。志乎均劳逸贫富贵贱，而未能察于人伦，遂废君臣上下之序，故孔孟不许之。《书》曰："无偏无党，王道荡荡。无党无偏，王道平平。无反无侧，王道正直。"君子能劳，不得为斯人劳心，不妨以劳力者自处，然不必以劳力一义责望于人人。责望于人人，则不能劳力者将无容身之地，而哀矜之惠，乃竟不被于颠连无告之穷民，是岂仁者之道哉？

第五节　矫廉

陈仲子以廉闻于世,而孟子斥之者,恶其矫也。《孟子·尽心篇》云:

> 仲子,不义与之齐国而弗受,人皆信之,是舍箪食豆羹之义也。人莫大焉,无亲戚、君臣、上下。以其小者信其大者,奚可哉?(《孟子·尽心上》)

《滕文公篇》云:

> 匡章曰:"陈仲子岂不诚廉士哉?居於陵,三日不食,耳无闻,目无见也。井上有李,螬食实者过半矣,匍匐往将食之,三咽,然后耳有闻,目有见。"孟子曰:"于齐国之士,吾必以仲子为巨擘焉。虽然,仲子恶能廉?充仲子之操,则蚓而后可者也。夫蚓,上食槁壤,下饮黄泉。仲子所居之室,伯夷之所筑与?抑亦盗跖之所筑与?所食之粟,伯夷之所树与?抑亦盗跖之所树与?是未可知也。"曰:"是何伤哉?彼身织屦,妻辟纑,以易之也。"曰:"仲子,齐之世家也。兄戴,盖禄万钟。以兄之禄为不义之禄而不食也,以兄之室为不义之室而不居也,辟兄离母,处于於陵。他日归,则有馈其兄生鹅者,己频顣曰:'恶用是鶃鶃者为哉?'他日,其母杀是鹅也,与之食之。其兄自外至,曰:'是鶃鶃之肉也。'出而哇之。以母则不食,以

妻则食之；以兄之室则弗居，以於陵则居之。是尚为能充其类也乎？若仲子者，蚓而后充其操者也。"（《孟子·滕文公下》）

廉，美德也，若必不恃人而食（《韩非子·外储说左上》言田仲不恃人而食。田仲即陈仲），则已堕于偏激，而非依乎中庸。况不劳而获，仲子不为，骨肉至亲，仲子竟忍于割弃，本末倒置，其所存者不亦仅乎？《荀子·不苟篇》云："盗名不如盗货，陈仲、史鳅不如盗也。"《非十二子篇》云："忍情性，綦溪利跂，苟以分异人为高，不足以合大众，明大分，是陈仲、史鳅也。夫子曰：亲者无失其为亲也，故者无失其为故也，是谓至性，是谓至情。反乎性情，廉何为者。"

第六节　乡原

孔子取狂狷，恶乡原。孟子亦取狂狷，恶乡原。余读《孟子》书久，不知其所斥乡原为何，近乃得之，盖其所谓乡原，亦稷下先生之一派，惟孔子所指则莫知谁。《孟子·尽心篇》云：

> 万章问曰："孔子在陈曰：'盍归乎来！吾党之士狂简，进取不忘其初。'孔子在陈，何思鲁之狂士？"孟子曰："孔子'不得中道而与之，必也狂獧乎！狂者进取，獧者有所不为也'。孔子岂不欲中道哉？不可必

得，故思其次也。""敢问何如斯可谓狂矣？"曰："如琴张、曾皙、牧皮者，孔子之所谓狂矣。""何以谓之狂也？"曰："其志嘐嘐然，曰：'古之人，古之人。'夷考其行而不掩焉者也。狂者又不可得，欲得不屑不洁之士而与之，是獧也，是又其次也。孔子曰：'过我门而不入我室，我不憾焉者，其惟乡原乎！乡原，德之贼也。'"曰："何如斯可谓之乡原矣？"曰：""何以是嘐嘐也？言不顾行，行不顾言，则曰：古之人，古之人。行何为踽踽凉凉？生斯世也，为斯世也，善斯可矣。'阉然媚于世也者，是乡原也。"万子曰："一乡皆称原人焉，无所往而不为原人，孔子以为德之贼，何哉？"曰："非之无举也，刺之无刺也，同乎流俗，合乎污世，居之似忠信，行之似廉洁，众皆悦之，自以为是，而不可与入尧舜之道，故曰德之贼也。孔子曰：'恶似而非者：恶莠，恐其乱苗也；恶佞，恐其乱义也；恶利口，恐其乱信也；恶郑声，恐其乱乐也；恶紫，恐其乱朱也；恶乡原，恐其乱德也。'君子反经而已矣。经正，则庶民兴；庶民兴，斯无邪慝矣。"（《孟子·尽心下》）

按：齐稷下之士，彭蒙、田骈、慎到，正《孟子》书中之乡原。《庄子·天下篇》云：

> 慎到弃知去己而缘不得已。泠汰于物，以为道理，曰："知不知，将薄知而后邻伤之者也。"谟髁无

任，而笑天下之尚贤也；纵脱无行，而非天下之大圣。椎拍辌断，与物宛转；舍是与非，苟可以免。不师知虑，不知前后，魏然而已矣。推而后行，曳而后往，若飘风之还，若羽之旋，若磨石之隧，全而无非，动静无过，未尝有罪，是何故？夫无知之物，无建己之患，无用知之累，动静不离于理，是以终身无誉，故曰："至于若无知之物而已，无用贤圣。"豪桀相与笑之曰："慎到之道，非生人之行，而至死人之理，适得怪焉。"田骈亦然，学于彭蒙，得不教焉。彭蒙之师曰："古之道人，至于莫之是、莫之非而已矣。其风窢然，恶可而言？"常反人，不见观，而不免于魭断。其所谓道非道，而所言之韪不免于非。（《庄子·天下篇》）

慎子蔽于法而不知贤。（《荀子·解蔽篇》）

慎子有见于后，无见于先。（《荀子·天论篇》）

尚法而无法，下修而好作，上则取听于上，下则取从于俗，终日言成文典，反纠察之，则偶然无所归宿，不可以经国定分，是慎到、田骈也。（《荀子·非十二子篇》）

庄、荀所述慎、田诸人，卑论随俗，与世沉浮，的为孟子所指之乡原，彭蒙无书。《汉书·艺文志》道家田子二十五篇，今不可见。《吕览·不二篇》谓田骈贵齐，《战国策·齐策》载田骈设为不宦，资养千钟，徒百人，则亦食客之类。孟子于齐，仕而不受禄，又不肯受弟子万钟之养，盖羞如乡原之垄断富贵尔。《慎子》四十二篇,《艺文志》入法家,已残阙,据所存及他书所引,略见一二。《慎子·因循篇》言天道因则大,化则细,人皆自为,化而使人为我,则莫可用,故用人之自为,不用人之为我。《君人篇》言舍法而以身治,则怨之所由生。审其术,盖介乎道法间者。《韩非·难势》引《慎子》曰:"尧为匹夫,不能治三人,桀为天子,能乱天下。"吾以此知势位之足恃,而贤知之不足慕也。其贪慕荣利之心,昭然若揭,与贫贱不移、威武不屈者不同道。使其遇治平之时,则必驯谨以固位;使其遭重法之世,则亦沉鸷以弄权。众好战,则务兵戎,众嗜利,则求富裕,众尚工,则贵劳力。饰非而好,玩奸而泽,与物无忤,靡所不为。史籍所记,如委蛇之叔孙通,折节要名之王莽,曲学阿世之公孙弘,历事异姓之冯道,以及苟合当世之佞幸奸人,其作用虽不同,其为与时变化、顺应潮流则一,乡原诚人类之稊稗哉!

第四章　政教

第一节　人伦

道有二,一曰仁,一曰不仁。仁则祥,不仁则殃;仁则昌,不仁则亡。仁人道也,不仁非人道也,两者划然无中立之余地。仁之术有二,一曰政,二曰教。教也者,政之所由兴也;政也者,教之所由成也。教出于圣,政备于王,无王则人道不行,无圣则人道不著。政与教,其用二,其致一也。一者何也,人伦也。政何以大,以正人伦而大;教何以大,以明人伦而大。邪正之分,曲直之判,其皆以人伦为准乎?

孟子道性善,言必称尧舜。(《孟子·滕文公上》)

孟子曰:

人皆可以为尧舜。尧舜之道,孝弟而已矣。

（《孟子·告子下》）

又曰：

> 规矩，方员之至也；圣人，人伦之至也。欲为君尽君道，欲为臣尽臣道，二者皆法尧舜而已矣。不以舜之所以事尧事君，不敬其君者也；不以尧之所以治民治民，贼其民者也。（《孟子·离娄上》）

尧舜何以异于人哉，亦曰尽人伦耳。《虞书》尧之命契曰：

> 百姓不亲，五品不逊。汝作司徒，敬敷五教，在宽。（《虞书·舜典》）

《孟子·许行章》：

> 使契为司徒，教以人伦：父子有亲，君臣有义，夫妇有别，长幼有序，朋友有信。（《孟子·滕文公上》）

《左氏》文十八年传：

> 舜举八元，使布五教于四方，父义、母慈、兄友、弟恭、子孝。（《左传·文十八年》）

孟子、左氏二说不同，其以人伦为鹄则均。我华夏政教之楷模，至唐虞之际而粲然大备。实以是为之始基，所谓光被四表，格于上下，荡荡乎民无能名，巍巍乎其有成功，焕乎其有文章也。晚周百家，与近今俗学，或则善战，或则权谋，或则为我，或则与民并耕，或则兼爱尚同，或则以邻国为壑，或则同流合污，自以为是；或则拜金，或则崇奉无政府，或则迷信唯物史观，或则奖励竞争，是皆外人伦而为政，外人伦而为教。外人伦而为政，虽有政不如无政，外人伦而为教，虽有教不如无教，昧者不察，乃欲立一标帜，以加于人之上，使人绝对服从，而不敢一拟议。稍一拟议，即目之曰叛徒，而其号召党类之方，则或以利诱，或以色媒，或以威逼，其所以钩陷人、罗织人者，无所不用其极。而无思想、无志气之少年，遂纷纷鱼贯而入其网中，至死犹不悟。吾为受饵受笼者痛，吾为饵人笼人者怜，何怜？怜其利有时而尽，色有时而衰，威亦有时而竭，更怜其蔑视人伦戕人性之杀人而自杀也。

人之为人，非仅饱食暖衣逸居而已足，我先民其知之矣，舍饱暖与逸无他求。禽兽之志则然，禽兽之行则然，人不尔也，禽兽牝与牡，雌与雄，无地无时不可自由恋爱，未尝有礼教以为之坊也。禽兽父不识其子，子不识其父，无所谓慈，无所谓孝，爱无差等，恶亦无差等，不知所谓亲亲之杀也，不知所谓尊贤之等也。禽兽弱肉强食，爪牙坚利者称雄，不闻其长长幼幼、善善恶恶，更不闻其以欺孤凌寡、尔诈我虞为败德也。人固不可与鸟兽同群也，人亦不能离人群而孑立也。人不能离人群而孑立，故人有人之道。人之为道而远人，不可以为道。人不能离人群而孑立，故人有人之政，人之为政而远人，不可以为政。人不能离人群而孑立，故人有人之教，人之为教而远人，不可以为教。故凡有学以人为试验之具者，皆曲学也。凡有路以导人入于荆棘，使其迷惘而不知归者皆歧路也。凡有法以斫丧人之秉彝为务，而置孝慈忠信礼让于无足重轻之地者，皆乱法也，是皆无人伦者也，是皆与人为仇者也。贼盗杀人以兵，而若辈杀人以政以学，虎狼食人之肉，而若辈并人之心髓而食之，此其所以烈于洪水猛兽也。孟子曰：

> 无为其所不为，无欲其所不欲，如此而已矣。（《孟子·尽心上》）

人慎毋为人所不为，欲人所不欲哉。

第二节　正身

政也者，所以使人正也。教也者，所以使人觉也。自正而后能正人，先觉而后能觉后，理也，亦势也。孟子曰：

> 万物皆备于我矣，反身而诚。（《孟子·尽心上》）

又曰：

> 诚者，天之道也；思诚者，人之道也。至诚而不动者，未之有也；不诚，未有能动者也。（《孟子·离娄上》）

人必躬为忠信笃敬,而后可以忠信笃敬劝人,而后可以忠信笃敬望人,所谓有诸己而后求诸人,无诸己而后非诸人也。身为不道,必无以戢暴;身为凶慝,必无以宁人。君子惟患诚身之功有未周,不患至诚之不能及物,惟患在我者之有所未尽,不徒以效验期之于人。自反而诚矣,身无一息之远乎道,道无须臾之离乎身,造次必于是,颠沛必于是,人虽欲不听信,不可得已。孟子曰:

> 有大人者,正己而物正者也。(《孟子·尽心上》)

又曰:

> 爱人不亲反其仁,治人不治反其智,礼人不答反其敬。行有不得者,皆反求诸己,其身正而天下归之。(《孟子·离娄上》)

又曰:

> 羿之教人射,必志于彀,学者亦必志于彀。大匠诲人,必以规矩,学者亦必以规矩。(《孟子·告子上》)

又曰:

> 大匠不为拙工改废绳墨,羿不为拙射变其彀率。君子引而不发,跃如也。中道而立,能者从之。(《孟子·尽心上》)

身正者政教之本也,规矩也,绳墨也,彀率也,不可逾者也。非然者,人自人,政教自政教,身外而有道,道外而有身,己不立矣,何以立人,己不达矣,何以达人。孟子曰:

> 居天下之广居,立天下之正位,行天下之大道。得志,与民由之。不得志,独行其道。富贵不能淫,贫贱不能移,威武不能屈。此之谓大丈夫。(《孟子·滕文公下》)

又曰:

> 穷则独善其身,达则兼善天下。(《孟子·尽心上》)

夫颜子,居贫食贱之人,而与己饥己溺之禹稷同道。伊尹、尧舜,其君其民之德业,而其本乃在一介不苟与一介不苟取之行,柳下惠,为圣之和,而不以三公易其介,仲尼之圣,为生民所未有,而其自处不过进以礼,退以义。孟子曰:

> 天下有道,以道殉身;天下无道,以身殉道,未闻以道殉乎人者也。(《孟子·尽心上》)

又曰:

> 守孰为大,守身为大。(《孟子·离娄上》)

又曰:

君子之守，修其身而天下平。人病舍其田而芸人之田，所求于人者重，而所以自任者轻。（《孟子·尽心下》）

盖一身者，家国天下之具体而微者也，而身尤亲切，一身痛痒之不知，而谓其能知天下之痛痒，吾未之闻也。一身是非之不辨，而谓其能辨天下之是非，吾未之闻也。一身好恶之不平，忧乐之不当，而谓其能与天下同其好恶，共有忧乐，吾未之闻也。吾敢申孟子之意而言曰：于家人父子兄弟夫妇间不尽其道者，必不可望之以仁民爱物之施为，于出处进退辞受取与间同流合污者，必不可托之以钱谷兵刑之重任，故孟子曰：

人有不为也，而后可以有为。（《孟子·离娄下》）

第三节　男女居室

天下之达道五，父子也，兄弟也，夫妇也，君臣也，朋友之交也。父子兄弟出于天然，君臣朋友建于人事。夫妇一伦，所以合二姓之好，上以祀宗庙，而下以继后嗣，可谓以人合天，亦可谓以人统天。人类调性情、修礼义之德，俱从此生；人类赞化育、位天地之功，俱从此起，是以君子重之。《中庸》云：

君子之道，造端乎夫妇。（《中庸》）

孟子曰：

> 男女居室，人之大伦也。（《孟子·万章上》）

初民时代，无男女之别，未尝确定夫妇制度，杂婚而已，无室家之义也。无夫妇，安有父子兄弟？无父子兄弟，安有君臣朋友？是男女居室者，王化之原，德教之本也。《诗》首《关雎》，《书》首釐降，《易》上经首乾坤，下经首咸恒，皆著夫妇之义，《孟子》尚论古人，数数以尧以二女妻舜为言，其意可知。《易》之《家人》曰：

> 家人，女正位乎内，男正位乎外；男女正，天地之大义也。家人有严君焉，父母之谓也。父父，子子，兄兄，弟弟，夫夫，妇妇，而家道正；正家而天下定矣。（《易·家人》"利女贞"）

记孔子对哀公曰：

> 古之为政，爱人为大。所以爱人，礼为大；所以治礼，敬为大。敬之至矣，大昏为大。大昏既至！冕而亲迎，亲之也。亲之也者，亲之也。是故君子兴敬为亲，舍敬是遗亲也。弗爱不亲，弗敬不正，爱与敬其政之本与！

又曰：

> 昔三代明王之政，必敬其妻子也有道。妻也者，亲之主也，敢不敬与？子也者，亲之后也，敢不敬与？

（《礼记·哀公问》）

孟子曰：

　　丈夫生而愿为之有室，女子生而愿为之有家。父母之心，人皆有之。不待父母之命，媒妁之言，钻穴隙相窥，逾墙相从，则父母国人皆贱之。

又曰：

　　丈夫之冠也，父命之；女子之嫁也，母命之，往送之门，戒之曰："往之女家，必敬必戒。"（《孟子·滕文公下》）

我先哲人之于夫妇之礼，如是其隆至也，何欤？曰：礼者，所以别嫌明微，著是非，判得失者也。人而无礼，无以别于禽兽，是故圣人作为礼以教人，以夫妇有别为之先。夫妇之道，不可以苟合，苟合必苟离，苟合苟离，则夫妇之道苦，而淫辟之罪多。古人于昏姻之礼，必致其敬，所以善男女居室之始也。夫妇之道，不可以不久，简甚则不敬，庄甚则不亲，不敬不亲，均不可以久。古人于相亲之中寓敬意焉，于相敬之中寓爱意焉。所以善男女居室之终也。孟子曰：

　　天下之本在国，国之本在家。（《孟子·离娄上》）

《程子易传》曰：

家人之道,利在女正,女正则家道正矣。夫夫妇妇而家道正,独言利女贞者。夫正者身正也,女正者家正也,女正则男正可知。

男女正而家正,家正而天下以定,我先哲所由致慎于夫妇之礼欤? 孟子曰:

家之本在身。(《孟子·离娄上》)

又曰:

身不行道,不行于妻子。使人不以道,不能行于妻子。(《孟子·尽心下》)

家室之间,密迩之地,不容人之有所掩饰,有所盖藏,故必身正而后夫妇和,夫妇和而后父子笃,兄弟睦。

第四节　亲亲长长

忧民之忧,乐民之乐,思天下有饥者由己饥之,思天下有溺者由己溺之,思天下有陷于罪戾者由己陷之,是之谓仁。富贵不淫,贫贱不移,威武不屈,其为气也塞天地而无馁,是之谓义。仁何自始? 始于爱。义何自始? 始于敬。爱何自始? 始于亲亲。敬何自始? 始于长长。孟子曰:

孩提之童,无不知爱其亲者;及其长也,无不知敬其兄也。亲亲,仁也;敬长,义也。无他,达之天下

也。(《孟子·尽心上》)

又曰:

> 大人者,不失其赤子之心者也。(《孟子·离娄下》)

亲亲曰爱,长长曰敬。爱之心,发扬外拓者也。敬之心,警惕内敛者也。曰:如此不几于仁内义外乎? 曰:否。所谓外拓者,自扩充也,内敛者,自裁制也。扩充在我,裁制亦在我,不在外也。亲亲所以行吾爱,长长所以行吾敬,不在外也。扩充其所爱以及于其所不爱,则爱之用无穷,裁制其不正者使归于正,则敬之用无穷。故亲亲者所以行吾爱也,长长者所以行吾敬也。爱和同,敬别异,吾行吾之爱,则万物皆备于我。小德川流,大德敦化,吾行吾之敬,则万物并育而不相害,道并行而不相悖。天不能有秋冬而无春夏,故立天之道曰阴与阳;地不能有润泽而无坚确,故立地之道曰柔与刚;人不能有合一而无等差,故立人之道曰仁与义。仁义者人道之归也,爱敬者人道之本也。仁爱外拓,犹之乎阳刚,义敬内敛,犹之乎阴柔。孟子曰:

> 夫道,若大路然,岂难知哉? 人病不求耳。(《孟子·告子下》)

又曰:

道在尔而求诸远，事在易而求诸难。人人亲其亲、长其长而天下平。(《孟子·离娄上》)

又曰：

古之人所以大过人者，无他焉，善推其所为而已矣。(《孟子·梁惠王上》)

亲亲长长，易知简能，不待学也，不待虑也。其为道也，本诸身，征诸庶民，考之尧舜三代而不谬，建诸天地而不悖，质诸鬼神而无疑，百世以俟圣人而不惑，东海、西海、南海、北海，人同此心，心同此理，未有能外者也。曰：人同此心，心同此理，又何俟于学与虑乎？曰：是又不然，不学不虑谓其先，学焉虑焉在其继。学也者，学其不待学；虑也者，虑其不待虑。不待学，不待虑者，性也。学其不待学，虑其不待虑者，性之也。不待学，不待虑者，诚也。学其不待学，虑其不待虑者，诚之也。性也诚也，天之所以与我者也；性之诚之，人之所以自尽其才者也。自尽其才，故亲亲者不忍恶于人，长长者不敢慢于人。所谓推者，推此而已；所谓达者，达此而已。吾推吾之所爱以及于所不爱，而天下人从而化焉，则天下归于仁矣；吾推吾之所敬以及于所不敬，而天下人从而化焉，则天下归于义矣。以言乎政，政孰善于是；以言乎教，教孰善于是。天下归于仁，则人人同德同心，相视如一体；天下归于义，则人人以礼自限，守分而不渝。夫然后阳而不散，阴而不密，刚气不怒，柔气不慑，四畅交于中而发作于外，皆安其位而不相夺。然君子之自视其初，亦不过尽其亲亲长长之心而已，非于天性之中有所增损也。

且亲亲者，所以行吾爱也；长长者，所以行吾敬也。行吾爱之谓孝，行吾敬之谓弟。孝者，子承老，前后相续之义具焉；弟者，友于兄弟，左右相扶助之义具焉。由前而推，自父而上之，至于祖祢，由后而推，自子而下之，至于孙曾百世，皆从相续之道而亲。由左右而推，自一二人以至千万人，自一家以至四海，舟车之所至，人力之所通，皆从相扶助之道而久。相续，则前人未竟之绪，而后人修之；前人未了之志，而后人述之。相扶助，则彼之德有未逮，而此匡之直之；此之智有所不及，而彼辅之翼之。以言乎政，政孰善于是；以言乎教，教孰善于是。《易》曰：

天地之大德曰生。

又曰：

生生之谓易。

有子曰：

君子务本，本立而道生。孝弟也者，其为仁之本与？（《论语·学而篇》）

孟子曰：

仁之实，事亲是也；义之实，从兄是也。智之实，

知斯二者弗去是也；礼之实，节文斯二者是也；乐之
实，乐斯二者，乐则生矣，生则恶可已也，恶可已，则
不知足之蹈之、手之舞之。(《孟子·离娄上》)

徐子曰："仲尼亟称于水曰：'水哉，水哉！'何取
于水也?"孟子曰："原泉混混，不舍昼夜。盈科而后
进，放乎四海，有本者如是，是之取尔。苟为无本，七
八月之间雨集，沟浍皆盈；其涸也，可立而待也。"
(《孟子·离娄下》)

亲亲长长者，人之天性也，民之秉彝也，造化生生不
已之源泉也。人类肫肫然相与同劳逸、共甘苦之精神，无
不从此中流出；人类皇皇然相与释忧虞、解纷患之事业，
无不从此中作出。古之君子，行一不义，杀一不辜，而得
天下，不为。古之王者，功成作乐以应天，治定制礼以配
地，其渊源未有不根于此念者。故必能为孝子而后能为
仁人，能为悌弟而后能为义人，能为仁人而后能作乐以体
天地之和，能为义人而后能制礼以定天地之序。彼忍于
家庭骨肉之际者，乱人而已，何足以言治? 孟子曰：

于不可已而已者，无所不已；于所厚者薄，无所
不薄也。(《孟子·尽心上》)

又曰：

不仁者可与言哉? 安其危而利其菑，乐其所以
亡者。(《孟子·离娄上》)

人谁无天性，人谁无秉彝。君子以得尽其子弟之道，为无上之荣光。故以父母俱存，兄弟无故，为第一乐。夫独非人之子弟欤？奈之何竟有不亲其亲，不长其长，而自绝于天地者？奈之何竟有率人子弟以攻其父兄者？

第五节　贵贵尊贤

人伦之道，自男女居室而始，自亲亲长长而正，至贵贵尊贤而尊。贵贵尊贤之义，模仿乎亲亲长长，而与亲亲长长不同，今次第释之如下。

（一）贵贵　天下有生而贵者乎？曰：以人爵言，天下无生而贵者；以天爵言，天下皆生而贵者。孟子曰：

> 有天爵者，有人爵者。仁义忠信，乐善不倦，此天爵也；公卿大夫，此人爵也。（《孟子·告子上》）

又曰：

> 欲贵者，人之同心也。人人有贵于己者，弗思耳。人之所贵者，非良贵也。（《孟子·告子上》）

人爵者，人之所贵也；天爵者，我所固有也。人之所贵者位，我所固有者德位，非能自贵，因德而贵，无德，虽有位不足贵。孟子曰：

> 贼仁者谓之贼，贼义者谓之残，残贼之人，谓之一夫。闻诛一夫纣矣，未闻弑君也。（《孟子·梁惠

王下》）

天生民而立之君官，使司牧之，是君官者所以为人民也。位乎上者有德，则人民仰之如父母，无德则人民贱之为独夫。父母，人谁不欲戴之；独夫，人谁不欲去之。欲戴欲去，视其德，不视其位。然则位无与乎？曰：君子得位，德益尚；小人得位，罪益彰。位于君子为当，而于小人为不祥。故曰：

> 惟仁者宜在高位，不仁而在高位，是播其恶于众也。（《孟子·离娄上》）

使桀、纣而不为人上，何至于天下之恶皆归之？故人不患无位，而患所以立。孟子曰：

> 古之人，得志，泽加于民；不得志，修身见于世。（《孟子·尽心上》）

得志而其仁不足称，位虽贵而可耻；不得志而俯仰无愧怍，人亦何从而贱之。孟子曰：

> 有孺子歌曰："沧浪之水清兮，可以濯我缨；沧浪之水浊兮，可以濯我足。"孔子曰："小子听之！清斯濯缨，浊斯濯足矣，自取之也。"（《孟子·离娄上》）

然则位亦随人而贵贱乎？曰：位自有贵贱，非随人而贵贱也。原设位之初意，本以贵位待天下之贤才，而不虞后来之有窃位以售其奸，据位以逞其欲者。然虽有窃据，而位之贵者自贵,不得以贱目之。位不得其人,人之过,非位之过,位自位,人自人,不相及也。恶可以寇盗居贵位而贵寇盗乎,恶可以寇盗居贵位,并位而贱之乎。孟子曰:

天下有达尊三:爵一,齿一,德一。朝廷莫如爵,乡党莫如齿,辅世长民莫如德。(《孟子·公孙丑下》)

爵之尊,固犹之乎齿德也。

(二)**尊贤** 尊贤者,尊士也。士也者,民之俊秀也,民望之所归也。

王子垫问曰:"士何事?"孟子曰:"尚志。"曰:"何谓尚志?"曰:"仁义而已矣。杀一无罪,非仁也;非其有而取之,非义也。居恶在? 仁是也;路恶在? 义是也。居仁由义,大人之事备矣。"(《孟子·尽心上》)

公孙丑曰:"《诗》曰'不素餐兮',君子之不耕而食,何也?"孟子曰:"君子居是国也,其君用之,则安富尊荣;其子弟从之,则孝弟忠信。'不素餐兮',孰大于是?"(《孟子·尽心上》)

彭更问曰:"后车数十乘,从者数百人,以传食于诸侯,不以泰乎?"孟子曰:"非其道,则一箪食不可受于人;如其道,则舜受尧之天下,不以为泰。子以为泰乎?"曰:"否。士无事而食,不可也。"曰:"子不通功易事,以羡补不足,则农有余粟,女有余布;子如通之,则梓匠轮舆皆得食于子。于此有人焉，入则孝，出则弟，守先王之道，以待后之学者，而不得食于子。子何尊梓匠轮舆而轻为仁义者哉！"（《孟子·滕文公下》）

夫必自耕而后食，自织而后衣，自为而后用，是以农工概天下之人，而不知士之所以为士，其责固重于农工，其任固大于农工也。以农工为无上，是以饱食暖衣逸居无教为无上也。无教，无人伦，父不父，子不子，兄不兄，弟不弟，夫不夫，妇不妇，上不上，下不下，师不师，友不友。杀不辜而不知痛，行不义而不知羞，骨肉化为仇雠，哀怨弥于道路。虽有衣食居处，曾何足以相安？亦惟有速其分崩离析之灾，增其肝胆风波之苦而已。孟子曰：

夫义，路也；礼，门也。惟君子能由是路，出入是门也。《诗》云："周道如底，其直如矢；君子所履，小人所视。"（《孟子·万章下》）

士不必自食其力，而能使天下之自食其力者，尽其相亲相爱、相生相养之道。斯其所以为贤，斯其所以可尊。

综而论之，贵贵贵德，尊贤亦尊德也。孟子曰：

用下敬上，谓之贵贵；用上敬下，谓之尊贤。贵贵、尊贤，其义一也。（《孟子·万章下》）

贵贵尊贤，上下一德一心之形于外者也。如尧之于舜，汤之于伊尹，先致其敬，而后从而用之，是则孟子所谓尊贤也。舜之于尧,伊尹之于汤,以陈善闭邪者,尽其股肱心膂之责,是则孟子所谓贵贵也,贵贵尊贤其义一也。

第六节　朋友

人伦之道,自男女居室而始,自亲亲长长而正,自贵贵尊贤而尊,至朋友有信而广。夫妇者,人伦之嵩;朋友者,人伦之结也。政教之成,以朋友有信通其变;政教之坏,以朋友无信为之前。虽谓天下之治,治于有友道;天下之乱,乱于无友道可也。孟子曰:

友也者,友其德也。(《孟子·万章下》)

又曰:

责善,朋友之道也。(《孟子·离娄下》)

友必以德,友必以责善,是有二义焉。一则可以为师,而后可以为友。二则自处于受益之列者,而后可以为友。引而申之,凡有一善行足为人法,有一善言足为人则,皆师之类也。凡受人善言,取人善行者,皆弟子之类也。天下无适而非师弟,即无适而非朋友。孟子曰:

教人以善谓之忠。(《孟子·滕文公上》)

又曰:

乐取于人以为善。(《孟子·公孙丑上》)

教人以善者,师之义也。教人以善,是与人为善也。

取人为善者，弟子之义也。取人为善，是与人为善也。教人以善，取人为善，是之谓朋友有信，是之谓责善。朋友相责以善，而夫妇之不和者可以即于和，朋友相责以善，而父子之不亲者可以即于亲。朋友相责以善，而兄弟长幼之不睦，君臣上下之不敬者，可以即于睦即于敬。此取友所由必以端人正士为尚也。朋友其人道之枢纽乎？古之人，妻子好合，如鼓瑟琴，夫妇也，而朋友之道行乎其间矣。中也养不中，才也养不才，父子兄弟也，而朋友之道行乎其间矣。臣哉邻哉，邻哉臣哉，君臣上下也，而朋友之道行乎其间矣。朋友其人道之枢纽乎？朋友之道，见于夫妇者谓之别，见于父子者谓之亲，见于长幼者谓之序，见于君臣者谓之义，其实皆有诸己之信也。人相处以信，则不期治而治从之；人不相处以信，则不期乱而乱从之。天下之治，果治于有友道；天下之乱，果乱于无友道也。

孟子谓万章曰："一乡之善士，斯友一乡之善士；一国之善士，斯友一国之善士；天下之善士，斯友天下之善士。"（《孟子·万章下》）

积夫妇父子兄弟而成家，积家而成乡，积乡而成国，积国而成天下。天下者，家之大焉者也。一家之中，以善相友而一家安；一乡之士，以善相友而一乡安；一国之士，以善相友而一国安；天下之士，以善相友而天下安。故圣人能以天下为一家，以中国为一人，非意之也。契之教民以人伦也,终于朋友有信;吾夫子之言志也,以朋友信之一言,为老安少怀之贯,孟子之称君子也。以得天下英才而教育之,居三乐之终,天下好学深思之善士,必能心通而默识之。

第七节　教养

形而上者谓之道,形而下者谓之器。道者治天下之本,器者治天下之具。无道固不足以治天下,器不备,道安从而施?孟子曰:

> 徒善不足以为政,徒法不能以自行。(《孟子·离娄上》)

善者治天下之道,法者治天下之器,有诸心而不见之行事,是谓徒善,审度量而不本乎人情,是谓徒法。故曰:

> 圣人既竭心思焉,继之以不忍人之政,而仁覆天下矣。(《孟子·离娄上》)

器也者,不忍人之政之所凭藉以为治者也。《孟子》七篇,言治天下之大器三:一曰封建,二曰井田,三曰学校。封建政之所托,学校教之所依,而井田则使君子、小人皆得有以养。周室封建、班爵、制禄之规模,孟子所闻与《周礼》《王制》不合。《王制》为后儒斟酌于四代之间所拟,而《周礼》之为书可疑,均不当据以讥孟子。今据孟子所云,其爵之通于天下者,有天子、公侯、伯、子、男五等,施于国中者,有君、卿、大夫、上士、中士、下士六等。尊卑秩然,有序不紊。其禄,则大国百里之君十卿禄,卿禄四大夫。次国七十里之君十卿禄,卿禄三大夫。小国五十里之君十卿禄,卿禄二大夫。而大夫倍上士,上士倍中士,中士倍下士,下士与庶人在官者同禄,则大国、次国、小国靡不同为以次递差,尊卑秩然,有序不紊。然上下之禄虽各有殊,其用以代耕则一。盖一人不能独治,必求贤以共治。王者得群贤为辅弼,上下相维,而后教养之术可次第以举。若于此处疏忽,则治法无从说起。《易》曰:

> 上天下泽,履。君子以辨上下,定民志。

《中庸》曰:

> 尊贤之等。

《孟子》曰:

> 得乎丘民而为天子,得乎天子为诸侯,得乎诸侯为大夫。(《孟子·尽心下》)

爵位之崇卑,由贤之高下而定。大小纲维,同条共贯,古人之所以安内攘外者,皆封建之为功。封建实有深意存乎其间,何可以私逞胸臆,妄相测度,或者乃目为贵族政治,是则无征不信,非愚即诬。

封建之旨,略如上陈,更进而言养与教。孟子答滕文公之问曰:

民事不可缓也。……民之为道也，有恒产者有恒心，无恒产者无恒心。苟无恒心，放辟邪侈，无不为已。及陷乎罪，然后从而刑之，是罔民也。焉有仁人在位，罔民而可为也？是故贤君必恭俭礼下，取于民有制。（《孟子·滕文公上》）

孟子答齐宣王之问曰：

是故明君制民之产，必使仰足以事父母，俯足以畜妻子，乐岁终身饱，凶年免于死亡。然后驱而之善，故民之从之也轻。今也制民之产，仰不足以事父母，俯不足以畜妻子，乐岁终身苦，凶年不免于死亡。此惟救死而恐不赡，奚暇治礼义哉？（《孟子·梁惠王上》）

孟子之视养民，如此其重也。然与近世之视经济为无上之权威者截然不同，盖所以为民制产者，在驱而之善，在使民有恒心。故养也者，所以为教也，如不为教，彼禽兽不有养乎？彼禽兽曾有不解决之经济乎？孟子答梁惠王之问曰：

不违农时，谷不可胜食也；数罟不入洿池，鱼鳖不可胜食也；斧斤以时入山林，材木不可胜用也。谷与鱼鳖不可胜食，材木不可胜用，是使民养生丧死无憾也，王道之始也。五亩之宅，树之以桑，五十者可以衣帛矣；鸡豚狗彘之畜，无失其时，七十者可以食

肉矣；百亩之田，勿夺其时，数口之家可以无饥矣。（《孟子·梁惠王上》）

人人皆足于衣，足于食，足于用，人人皆养生送死无憾，则人人皆知生之可乐，知死之可悲。知生可乐，死可悲，则大乱之媒已减。然而圣人之初志，固不止于是也。孟子曰：

> 谨庠序之教，申之以孝悌之义。（《孟子·梁惠王上》）

又曰：

> 壮者以暇日修其孝悌忠信，入以事其父兄，出以事其长上。（《孟子·梁惠王上》）

又曰：

> 设为庠序学校以教之：庠者，养也；校者，教也；序者，射也。夏曰校，殷曰序，周曰庠，学则三代共之，皆所以明人伦也。人伦明于上，小民亲于下。（《孟子·滕文公上》）

教养之功既备，则人民之生息于其间者。

> 死徙无出乡，乡田同井。出入相友，守望相助，疾病相扶持，则百姓亲睦。（《孟子·滕文公上》）

故曰：

王者之民，皞皞如也。杀之而不怨，利之而不庸，民日迁善而不知为之者。夫君子所过者化，所存者神，上下与天地同流，岂曰小补之哉？（《孟子·尽心上》）

唐虞三代，有治人之道，有治人之器，故虽为乱而旋即归于治。战国至秦，暴君污吏，乱臣贼子，所以坏治人之道，毁治人之器者，无乎弗至。故治日少而乱日多，然则古制亦可复乎？曰：封建废而郡县起，井田废而兼并起，学校废而制科起，古人固尝慨之，惟古制之不可复，古人亦尝知之。今则郡县兼并之弊已无以复加，虽有学校，亦迥异于唐虞三代之时。谓古制可复，万无是事，然谓古制必不可师，又万无是理。古之封建虽废，而上下名分之施，未有能废之者。古之井田虽废，而休养生息之计，未有能废之者。古之学校虽废，而父子兄弟夫妇之亲，未有能废之者。是虽百世可知也，惟法不能自举，待人而举，法不能自行，待人而行，后人善师前人之意，以不忍人之心，行不忍人之政，亦何必遽让于前人。孟子曰：

为高必因丘陵，为下必因川泽。为政不因先王之道，可谓智乎？（《孟子·离娄上》）

彼不知通变之迂儒，蔑视圣贤之曲士，曾何足以语此。

第五章　守先待后

第一节　知言

不知言,无以知人,故孟子之知人论世,亦由知言而来者。

　　"何谓知言?"曰:"诐辞知其所蔽,淫辞知其所陷,邪辞知其所离,遁辞知其所穷。"(《孟子·公孙丑上》)

孟子知言,故其衡论无不犁然有当于人心。曰:"天子不能以天下与人。"则知天下非一人所得私也。曰:"天与贤,则与贤,天与子,则与子。"则知传贤传子,圣人皆无容心于其间也。曰:"杀一无罪,非仁。非其有而取之,非义。"则知贼仁贼义为一夫,得乎丘民为天子也。曰:"不得乎亲,不可以为人;不顺乎亲,不可以为子。"则知瞽瞍杀人,舜惟有窃负而逃也。曰:"孝子之至,莫大乎尊亲。"

则知桀、纣、幽、厉，为禹、汤、文、武之罪人也。曰："亲丧固所自尽。"曰："惟送死可以当大事。"则知以短丧薄葬为教之不近人情也。曰："不信仁贤，则国空虚。"曰："为天下得人者谓之仁。"则知智者当务之为急，仁者急亲贤之为务也。曰："君子不以其所以养人者害人。"则知殃民者不容于尧舜之世，率土地而食人肉，罪不容于死也。曰："民之归仁，犹水之就下，兽之走圹。"则知违民好恶而嗜杀人，终不能得志于天下也。曰："周公弟也，管叔兄也，周公之过，不亦宜乎？"则知李世民之杀太子建成为大罪也。曰："匹夫而有天下者，德必若舜禹，而又有天子荐之者。"则知刘邦、朱元璋辈，不得滥混于天与人归也。曰："上无礼，下无学，贼民兴，丧无日。"则知用夷变夏，弃人伦，无君子之为邪说暴行也。曰："无父无君，是周公所膺。"则知近于禽兽之为圣人所忧惧也。曰："西伯善养老。"曰："文王发政施仁，必先鳏寡孤独四者。"则知贵壮贱老之为戎狄之道也。曰："生于其心，害于其政。发于其政，害于其事。"曰："作于其心，害于其事。作于其事，害于其政。"则知桀、纣、幽、厉、商君、申不害之率天下以暴，杨、墨、许行乡原，宋轻、陈仲子之纳天下于邪，一杀人以政，一杀人以学，厥罪维均也。曰："伯夷隘。"则知恶恶之心不可推，推之则伤于仁也。曰："柳下惠不恭。"则知亲贤仁民之道不可混，混之则伤于义也。曰："有伊尹之志则可，无伊尹之志则篡。"则知一以迹象学圣人者之非也。曰:"善说诗者,不以文害辞,不以辞害志,以意逆志,是为得之。"曰:"《小弁》之怨亲亲也,亲亲仁也,固矣。"则知非晓然于圣贤之心事者,不可与言诗也。曰:"尽信书则不如无书。"曰:"好事者为之。"则知《汲冢书》《竹书纪年》以及百家诸子所传三五之事,大抵皆妄诞不经之说也。孟子立论于百世之上,而于百世之下,若烛照而数计之。非聪明睿知之圣人,其孰能与于此?

第二节　尧舜禹汤文武周公孔子

《孟子》七篇,数数尚论古人,非空议其是非长短也,上与千载而上之善士为友也。孟子曰:

> 以友天下之善士为未足,又尚论古之人。诵其诗,读其书,不知其人,可乎?是以论其世也。是尚友也。(《孟子·万章下》)

孟子尚友古人,故言性善则乐道尧舜,言为政则乐道文王,言吊伐则乐道汤武,言膺戎狄则乐道周公。凡言德言政言学言教,无不本之六艺。孟子之心,亦孔子祖述尧舜、宪章文武之心也。孔门通六艺者七十人,而颜、曾为之最。孟子好称颂仲尼之徒,而述曾子者尤多。其他若子路、子思,孟子亦常举其懿德。孟子曰:

> 予未得为孔子徒也,予私淑诸人也。(《孟子·离娄下》)

私淑诸人者,私淑孔门弟子之通六艺也。赵邠卿《孟子题辞》,言孟子通五经。五经,即《诗》《书》《易》《礼》《乐》《春秋》六艺,乐本无经,故其数五。孔子曰:

> 入其国,其教可知也。其为人也,温柔敦厚,《诗》教也;疏通知远,《书》教也;广博易良,《乐》教也;絜静精微,《易》教也;恭俭庄敬,《礼》教也;属辞比事,《春秋》教也。(《礼记·经解》)

凡孟子所言唐虞三代揖让征诛之事,则本之《诗》《书》;凡孟子所言唐虞三代修己治人、化民成俗之度数文章,则本之《礼》《乐》;凡孟子所言人禽之分,夷夏之防,王伯义利之辨,则本之《春秋》。而其言天人之故,政教之原,吉凶祸福之几,出处进退之节,变动不居,周流六虚,未尝执一说以废百,则息息与《易》相通。孟子之学,无不本之六艺如此。夫六艺所传,尧、舜、禹、汤、文、武、周公之道也。尧、舜、禹、汤、文、武、周公之道,即孔子之道也,即愚夫愚妇可共由之道也,即愚夫愚妇可共喻之道也,圣人岂能外人而有道哉?

第三节 清任和

圣人之行,依乎中庸,而伯夷、伊尹、柳下惠不同道,何欤?孟子曰:

> 居下位,不以贤事不肖者,伯夷也;五就汤,五就

桀者，伊尹也；不恶污君，不辞小官者，柳下惠也。三子者不同道，其趋一也。一者何也？曰：仁也。君子亦仁而已矣，何必同？（《孟子·告子下》）

又曰：

伯夷，圣之清者也；伊尹，圣之任者也；柳下惠，圣之和者也。（《孟子·万章下》）

伯夷忧天下之陷于恶也，故以不屑就者行其不忍之心；柳下惠忧天下之绝于善也，故以不屑去者广其不忍之路；伊尹忧天下之匹夫匹妇不与被尧舜之泽也，故相汤伐夏救民，以行其不忍之政。是三子者，皆仁人也，同其心，不必同其迹。故曰：

圣人之行不同也，或远或近，或去或不去，归洁其身而已矣。（《孟子·万章上》）

孟子之称夷、惠曰：

圣人，百世之师也，伯夷、柳下惠是也。故闻伯夷之风者，顽夫廉，懦夫有立志；闻柳下惠之风者，薄夫敦，鄙夫宽。奋乎百世之上。百世之下，闻者莫不兴起也。非圣人而能若是乎，而况于亲炙之者乎？（《孟子·尽心下》）

孟子述伊尹之言曰：

天之生此民也，使先知觉后知，使先觉觉后觉

也。予，天民之先觉者也；予将以斯道觉斯民也。非予觉之，而谁也？（《孟子·万章上》）

知人论世者，恶可执一以衡前哲哉！

第四节　孟子所愿学

以匹夫而操世运升降之权，自生民以来未有如吾夫子者也。前乎孔子而上，政教合一，作君即以作师。能为师，然后能为长；能为长，然后能为君。故师也者，所以学为君也。孔子一生，栖栖皇皇，逐于鲁，围于匡，伐木于宋，绝粮于陈、蔡，垂老温温无所试，乃不得不讲学以终。一若天之有意艰难其身，特留之以为万世之木铎者。孟子曰：

乃所愿则学孔子也。（《孟子·公孙丑上》）

又曰：

孔子之谓集大成。集大成也者，金声而玉振之也。金声也者，始条理也；玉振之也者，终条理也。（《孟子·万章下》）

天地中和之气，得圣人而显其全。圣人中和之德，至孔子而臻其极。春秋而上，百代君王之政教，由孔子而判其等差，春秋而下，千万亿兆之人心，由孔子而正其趋向，信乎金声而玉振之也。孟子曰：

孔子，圣之时者也。（《孟子·万章下》）

又曰：

> 可以仕则仕，可以止则止，可以久则久，可以速
> 则速，孔子也。（《孟子·公孙丑上》）

时也者，当其可之谓也。孔子一言一动，曲当其可，
孟子所以形容之者至矣。战国后春秋百余年，知孔子者，
孟子而已。孟子没又二千年，其能知孔子之道者几何？
然孔子之道，施之于教，不过人伦，施之于政，不过礼乐，
虽未大行，其道自在天壤，人类不绝，孔道必不可绝。子
贡曰："仲尼，日月也。"子思曰："仲尼，天地也。人虽欲自
绝，其何伤于天地日月乎。"孟子曰：

> 《诗》云："忧心悄悄，愠于群小。"孔子也。（《孟
> 子·尽心下》）

又曰：

> 孔子成《春秋》而乱臣贼子惧。（《孟子·滕文公
> 下》）

又曰：

> 孔子为鲁司寇，不用，从而祭，燔肉不至，不税冕
> 而行。不知者以为为肉也，其知者以为为无礼也，乃
> 孔子则欲以微罪行，不欲为苟去。君子之所为，众人
> 固不识也。（《孟子·告子下》）

孔子之行，群小愠之；孔子之书，乱臣贼子惧之；孔子

之心，众人不识之。而吾夫子之文章，与其所言之性与天道，未尝不与天下后世以共见共闻。是以声名洋溢乎中国，施及蛮貊，舟车所至，人力所通，天之所覆，地之所载，日月所照，霜露所坠，凡有血气者莫不尊亲，此孔子之所以为大也。

第五节　孟子所处之时世

太史公曰："余读《孟子》书，至梁惠王问'何以利吾国'，未尝不废书而叹也。曰：嗟乎！利诚乱之始也！夫子罕言利者，常防其原也。故曰'放于利而行，多怨'。自天子至于庶人，好利之弊何以异哉！当是之时，秦用商君，富国强兵；楚、魏用吴起，战胜弱敌；齐威王、宣王用孙子、田忌之徒，而诸侯东面朝齐。天下务于合从连衡，以攻伐为贤。"夫上既悬此为的，以取天下之才，下自揣摩一代之风尚，昼夜研攻，以期一遇，上上下下，狼狈为奸，苟可以拓地开疆，则虽多行不义，多杀不辜，亦无所恤。噫！杀人以求功，夺人以求利，日率土地而食人肉，日以其所以养人者害人，以是为盗则可尔，何当于国？以是召乱则可尔，何当于治？孟子曰：

今之诸侯，五霸之罪人也；今之大夫，今之诸侯之罪人也。（《孟子·告子下》）

五霸假借仁义以济其力，而七雄则直以仁义为迂远而阔于事情。其欲望至奢，其目光至短，虽属可恶，实属可怜。当世之士，不能陈善闭邪，格其非心，而乃巧于逢迎，急于求用，是何异为君者方欲屠宰其民，而侍其左右者乃为之操刀而割也。

质而言之，战国之君若臣，上若下，日夕所经营筹画者，非杀人之道，即自杀之道。故孟子所处之时，一天下大乱之时也。当时之君，汲汲于富强，其意固曰，吾将以求治也。不知治与富强自是两事，治固有时而富强，而富强亦有时不必治。治所重在安人，而富强所在，未必即能使人安。大乱谁不思治，大乱谁不求治，求治而不得其道，则愈求治而愈足以增其乱，何也？以未探其源也。夫世之乱，乱于人心风俗，人心风俗之乱，非一朝一夕而遽然者。《日知录》云："自《左传》之终，以至周显王三十五年苏秦为从长之岁，凡一百三十三年，史文阙轶。考古者为之茫昧，如春秋时犹尊礼重信，而七国则绝不言礼与信矣；春秋时犹宗周王，而七国则绝不言王矣；春秋时犹严祭祀，重聘享，而七国则无其事矣；春秋时犹论宗姓氏族，而七国则无一言及之矣；春秋时犹宴会赋诗，而七国则不闻矣；春秋时犹有赴告策书，而七国则无有矣。邦无定交，士无定主，此皆变于一百三十三年之间。史之阙文，而后人可以意推之者也。"亭林之论如此，则当时所谓执政从政之人，举不知治国为何事，于旧制之不便于己者，无不拉杂摧烧之，以求其所大欲，日暮途远，倒行逆施，其波及于人心风俗，更何待言！《易》曰："履霜，坚冰至。"非一朝一夕之故。其所由来者渐矣，宜孟子之所如不合也。

第六节　孟子不得已而立教

自周公而上，君师道合；自孔子而下，君师道分。君师道合，则道行于当时；君师道分，则道传于后世。道不行，圣人之所深忧也；道不传，尤圣人之所深忧也。然使时时而道大行于世，何用乎传哉？圣人不于其身亲见治平之业，而后有赖于传；圣人以其所不得亲见者俟之后代，而后属意于传。传也者，圣人之大不得已也。孟子曰：

以齐王，犹反手也。

又曰：

王者之不作，未有疏于此时者也；民之憔悴于虐政，未有甚于此时者也。饥者易为食，渴者易为饮。孔子曰："德之流行，速于置邮而传命。"当今之时，万乘之国行仁政，民之悦之，犹解倒悬也。故事半古之人，功必倍之，惟此时为然。（《孟子·公孙丑上》）

孟子而有天子荐之，则亦为舜、禹尔；孟子得百里之地而君之，则亦为成、汤、文、武尔；孟子而得大有为之君，学焉而后臣之，则亦为皋、夔、伊尹尔，岂欲以空言见哉？《史记》云："孟子道既通，游事齐宣王，宣王不能用。适梁，梁惠王不果所言。"则见以为迂远而阔于事情，所如不合，退而与万章之徒,序《诗》《书》,述仲尼之意,作《孟子》七篇。夫孟子有圣人之德,无圣人之位,不得已而立教,托其意于天下之英才,欲知孟子者,不可不于是求之也。孟子曰:

> 人之所以异于禽兽者几希,庶民去之,君子存之。(《孟子·离娄下》)

又七篇之终曰:

> 由尧、舜至于汤,五百有余岁,若禹、皋陶,则见而知之;若汤,则闻而知之。由汤至于文王,五百有余岁,若伊尹、莱朱则见而知之;若文王,则闻而知之。由文王至于孔子,五百有余岁,若太公望、散宜生,则见而知之;若孔子,则闻而知之。由孔子而来至于今,百有余岁,去圣人之世,若此其未远也;近圣人之居,若此其甚也,然而无有乎尔,则亦无有乎尔。

宋程伯淳卒,文潞公题其墓曰明道先生。其弟正叔序之曰:"周公殁,圣人之道不行;孟轲死,圣人之学不传。道不行,百世无善治;学不传,千载无真儒。先生生乎千四百年之后,得不传之学于遗经,盖自孟子之后一人而已。"斯言诚绝沉痛。虽然,天地不生人与禽兽同,自必有人知其实有以异于禽兽。千载而上,有闻而知之、见而知之者;千载而下,自必有闻而知之、见而知之者。人心未死,此理长存。宇宙不曾限隔人,人亦何能自限?岂必问夫道之行不行,学之传不传哉?

跋

彭云生

右《孟子大义》一篇，为吾友唐迪风君所著。迪风，宜宾人，清诸生，性刚介，不肯少阿俗。少年治音韵及周秦诸子。民国十年病目后，始专读宋明诸儒书，深有所契悟。闻宜黄欧阳师讲学南京，乃携家往从焉。所居距内学院二里许，日徒步往来，虽风雨严寒不辍。蔬食几不能继，意蔑如也。欧阳师虽讲印度学，然亦不废儒，迪风于习唯识外，仍肆力于儒。十五年返川，益以阐明孟子及象山之学为己任。任蜀中教育先后十五年，诸生闻而兴起者甚众。今年六月因事返里。卒，年四十五。迪风于学，直截透辟近象山，艰苦实践近二曲。此篇乃为诸生所撰讲稿，然于孟子之学，已揭尽无余蕴。所著尚有《诸子论释》《志学谀闻》、文集、诗集若干种，皆拟陆续刊布。

民国二十年十一月崇庆彭举识

《孟子大义》重刊记及先父行述

唐君毅

《孟子大义》，先父迪风公讳烺，仅存之遗著也。先父生于清光绪十二年丙戌夏五月十七日，殁于民国二十年辛未夏五月十日，享寿四十五岁。吾家先世，业农于广东五华。六世祖以岁荒，乃远徙四川宜宾，初为人佣工，后仍业农于宜宾柏树溪周坝。至吾祖树寅公，始就塾读书，习为八股文，未及冠而病殁。吾父则吾祖遗腹子也。祖母卢氏，苦节一生。忆吾父每道及吾祖母事，辄为感泣。吾父年十八，应童子试，为吾乡末科秀才。旋就学于成都叙属联中及法政专门学校。叙属联中，为清末吾川革命党聚会之所，其师生以辛亥革命、二次革命殉难者，如张烈五诸先生，世多知之。吾父未尝自言其亦列名党籍。唯忆吾祖母尝对吾言，吾父于清末，即自剪辫发。吾祖母虑祸之及门，乃将剪下辫发，再针织于吾父之帽后云云。民国元年，吾父时年二十六。双流李澄波氏，初隶同盟会,创办《国民公报》于成都。吾父为文投稿,旋即被聘为主笔。顾民国初建,党人文士,多趋附权势。忆吾父有《贺新凉》词,其下阕之二句曰"武士头颅文士笔,竞纷纷化作侯门狗",盖愤激之深也。民国三年,胡文澜督蜀,为政不协民心。吾父为文评斥,胡遂欲查封报馆。吾父出而自承,愿负文责,而查封之令遂罢。乃应李宗吾先生之聘,任教川北江油之省立第二中学。李先生立身持己,素刚健不拔,而愤世疾俗之情,不能自已,遂转而以诙谐玩世之言,出之于书。其《厚黑学》一书,初盖即发表于《国民公报》。其书谓古今之为政者,其术多不外出于面厚心黑,而举史事以证之。书出而世论大哗。吾父独心知其意,更为之序,谓其意在以讽为谏云云。吾父既任教江油二载,仍返成都,主《国民公报》笔政,吾家亦住报社中。其时吾尚年幼,于吾父所学所思,一无所知。惟忆一日吾家人皆改服新衣,如和尚衣,而袖略小。后乃知是吾父欲复明代衣冠,乃举家为倡。大率在吾祖母逝世以前,吾父言行,多独来独往,不顾世之非笑。为学则推崇余杭章太炎氏,好文字音韵之学。章氏为《新方言》,吾父更作《广新方言》;就蜀中方言,考其在文字学之渊源。吾年九龄,即教以背诵《说文解字》。吾甚苦之。其时吾父于儒者之学,亦盖初不相契。尝闻吾父一学生言,谓民国九年前,吾父任教于成都省立第一中学、省立第一师范,及华西大学时,尝出题,命学生历举孔子之失云云。民国九年,吾

祖母逝世,吾父年三十五,而其学遽变。民国十年,吾父
与彭云生、蒙文通、杨叔明诸先生,同应重庆联中之聘,旋
应重庆第二女师之聘,吾家遂旅居重庆者四年。忆吾年
十三,始就读重庆联中。其第一年之国文,即由吾父讲
授,以老庄孔孟之文为教材。第二年国文则蒙文通先生
更为讲授宋明儒学之义。吾父遂购孙夏峰《理学宗传》一
书,供吾自学之资,使吾竟得年十五而亦志于学。第二女
师校长蒙公甫老先生,亦讲理学,并尝辑古今之言"仁"与
"敬"者为一书,嘱吾父为之序。时吾父之所述作,忆更有
《孔学常谈》及《孔门治心之道》二文,是皆见自吾祖母逝
世,而吾父之学,遂归宗于儒。忆吾家居重庆时,吾父尝
一度赴成都,移祖母枢至宜宾故里,合葬于吾祖父墓。吾
父于途中,惟寄吾母一七绝诗,今尚忆其中有"归乌无地
报私情"之句。盖自此而后,吾父乃益感生死事大,遂于
民国十四年,与吾母及弟妹赴南京,问佛学于支那内学院
欧阳竟无先生,时吾父年已四十矣。吾则就学于燕京。
民国十六年春,吾赴南京归省,见吾父母及弟妹,赁陋巷
中之一室而居。其地去支那内学院数里许,而吾父徒步
往来,风雨不辍。以生事日艰,吾父母遂启程还乡。至武
汉,而国民革命军至,乃避居舅祖卢政公家。舅祖为当地
地主,而乡农协会欲加以逮捕。以吾父貌似吾舅祖,竟被
误逮,居囹圄者旬日,乃得释。而无资斧归蜀,羁留于武
汉乡间者,逾半载,方重返成都。

吾父重返成都后，尝任教当时之成都大学、四川大学等校，所讲者仍为儒学，未及于佛学。吾母《思复堂诗》，悼吾父诗有"学幻三年归，仍载壁书赓"之句，盖纪实也。时又与诸父执，如彭云生先生等，共创办敬业学院。学院只设文学院，以吴芳吉先生主持中国文学系，蒙文通先生主持中国历史系，刘鉴泉则主持中国哲学系，吾父被推为院长。彭云生先生则任教务，而实主持校政。故此学院之创设，以云生先生之功为最大。顾云生先生及其时学院之若干教师，籍青年党，为其时国民政府之教育部所不喜，学院遂不得正式立案。吾父既殁，云生先生更苦心支持数年，至民国二十四年而停办矣。惜哉！

敬业学院诸君子中，吴芳吉先生尝任教中国公学、西北大学，并以诗文名海内。蒙文通先生尝任教北京大学、河南大学，其史学之著，亦为世所知。刘鉴泉先生承其乃祖刘沅氏之家学，年二十即发愤著书，年三十七而殁，已成书数百卷。其年寿之不永，与著书之多，皆与刘申叔氏相类，而世罕知之。梁漱溟先生尝为吾言，其去成都，唯欲至诸葛武侯祠堂及鉴泉先生之读书处，并尝转载其《动与植》之一文，于其所著《中国民族自救运动最后觉悟》一书，作为附录。鉴泉先生书，以木版刻于成都，虽流布未广，然读其书者皆服其博学与卓识。云生先生诗，醇雅朴厚，盖多已自刊，后皆当不泯尔。至吾父之著，则唯《孟子大义》一书，曾由云生先生列为《敬业学院丛刊》，于民国二十年冬，刻于燕京；后经《学衡》杂志七十六期加以转载。此外，则如云生先生所提及之《诸子论释》《志学谀闻》，及文集、诗集若干种；与吾所知之吾父初年所著之《广新方言》，廿余年之治学日记，及门人学生所记语录，初并藏于吾家。其中之治学日记，尤为吾父治学之心得所在，最堪珍贵。抗日战起，吾虑或有被日机炸毁之虞，乃并家藏古籍，移置双流彭家场刘宅，以为可得保全。不意以刘家为地主之故，而于二十三年前，其家遭受清算之时，乃并吾父之遗稿及其所藏书，共运入制纸工场，化为纸浆。吾父之所述著，不亡于敌国外患，乃以内乱而永成湮没，呜呼痛哉！吾来港后，曾屡函居大陆之妹弟，探询吾父遗著消息，答书皆含混其辞，后乃以实相告。吾十余年来，屡游日本及欧美，恒就其藏中文书刊之图书馆，搜求吾父遗文之刊载于报章者，而所得则寥寥无几。云生先生初刊之《孟子大义》，闻在大陆图书馆尚有存者，亦路远不可得。今沧海横流，世变日亟，吾父逝世，忽忽已将四十三载。日月逝矣，岁不我与。今惟就《学衡》所转载之《孟子大义》，重加刊印，以聊尽人子之心。并将欧阳竟无先生所为墓志铭、刘鉴泉先生所为别传、彭云生先生《孟子大义跋》、吴碧柳先生书札中道及吾父之二语，吾搜求仅得之《甲寅》杂志所载吾父之一文，暨三书札，及吾所仅忆及之遗文二篇、遗诗七首，并视若沧海遗珠，附载此书中，以使后之来者，得略想见吾父之为人与为学之遗风。

吾以不肖，自年十七，即游学在外，未得随侍吾亲。吾在大学读书，则习染世风，谬崇西哲之学，每以中土先哲之言，析义未密，辩理不严，而视若迂阔，无益于今之世。故每当归省，与吾父论学，恒持义相反；辞气之间，更无人子状。而吾父则皆加以宽假，唯尝叹曰："汝今不契吾言，俟吾殁后，汝当知之尔。"然吾当时亦不知其言之痛切也。至吾年二十三，吾父逝世，吾乃赖吾父神灵默佑，悔其少年之见，得有契于先哲及吾父之言。然皆不得面陈于吾父之前，更承吾父之教矣。悠悠天地，终身之憾，更何由补。

吾父好与人谈，谈辄不知倦。尝自谓，能笃信性善，其言谈多直心而发。与学生讲论义理，或引古今人行事为证；于其事之可歌可泣者，未尝不动容。平日为学，喜抄书。于古圣贤书及所好诗文，皆以小楷恭录，无一笔苟。又好纹石，暇则摩挲忘倦。盖取其文理见于外，坚刚蕴于内耶。诸父执与吾父论学，虽不无异同，然于吾父之为人，则皆无间言。尝见吴碧柳先生与其友人书，称吾父之论学，谓当世吾川学问之正，尚未有能过吾父者云云。吾父尝欲为《人学》一书未就。今仅成之《孟子大义》一书，要在以辨义利、道性善、息邪说、正人伦政教、述孟子守先待后之学。吾父以深恶乡愿之乱德，更有感于为乡愿者，亦恒有其理论以自持，乃有乡愿学派之说。时诸父执,皆不谓然。吾亦尝疑之。近乃心知其意,乃在谓:人必自先去其用以自持其为乡愿之理论,方得免于为乡愿。吾年来亦日益感吾平日之为文论学,不能如吾父之直心而发,而喜繁辞广说;正多不免随顺世俗所尚之乡愿之习。今惟望假我余年,得拔除旧习,还我本来,庶几不愧吾父之教耳。是为记。

　　　　　　　　　甲寅三月二日唐君毅记于南海香州

校后附记

　　吾校吾父《孟子大义》既毕，乃更于字里行间得知吾父志业所存。此盖可以第三章首节，及第五章末节之数语概之。此数语者，感刻吾心。今照录于下，读者幸会之。

　　"夏而变为夷，中国之忧也；人而流于禽兽，圣人之所深惧也。忧而后设教，惧而后立言，不得已而后讲学，无可奈何而后著书以诏天下后世。孟子之宏识孤怀，孟子所欲痛哭而失声者也。"

　　"天地不生人与禽兽同，自必有人知其实有以异于禽兽。千载而上，有闻而知之、见而知之者；千载而下，自必有闻而知之、见而知之者。人心未死，此理长存。宇宙不曾限隔人，人亦何能自限？岂必问夫道之行不行，学之传不传哉？"

君毅附记

甲寅四月廿一日

诗文杂著

李著《厚黑学》序

孔子曰："谏有五，吾从其讽。"昔者汉武帝欲杀乳母，东方朔叱令就死，齐景公欲诛圉人，晏子执而数其罪。二君闻言，惕然而止。富顺李宗吾先生，著《厚黑学》一书，其言最诙诡，其意最沉痛，直不啻聚千古大奸诈于一堂，而一一谳定其罪。所谓诛奸谀于既死者非欤？吾人熟读此书，即知厚黑中人，比比皆是，庶几出而应世，不为若辈所愚。彼为鬼为蜮者，知人之烛破其隐，亦将惶然思返，而不敢妄试其技。审如是也，则人与人相见，不得不出于赤心相见之一途。则宗吾此书之有益于世道人心，岂浅鲜哉！厚黑学之发布，已有年矣，其名辞人多知之。今试执人而问之曰：汝固素习厚黑学者，无不色然怒。则此书之收效何如，固不俟辩也。

　　上文为先父初为李先生书序。其后李先生益由愤世疾俗而归于滑稽玩世。故先父既殁，于其民廿四年之《厚黑丛话》，既称先父之言其著书之旨在定谳大奸诈之罪，仍以滑稽之言道及先父曰："迪风披览《庄子》不释手，而于厚黑学，犹一间未达，惜哉！迪风晚年从欧阳竟无讲唯识学，回成都，贫病而死。夏斧私挽以联，有云'有钱买书，无钱买米'。假令迪风只买《厚黑学》一部，而以余钱买米，虽今生存可也。然而迪风不悟也。悲夫！悲夫！"甲寅君毅志。

《仁学》序

民国十二年蒙公甫（裁成）先生辑孔、孟至宋明儒者言"仁""敬"者为一书，命曰仁学，嘱先父为序。及今已五十年，吾尚略能忆及，当不大误尔。

《记》曰："天无私覆，地无私载。"《易》曰："天地之道，恒久不已也。"天地而有私，天地不成其为天地矣；天地而有已，则乾坤其毁裂矣。天地之无私，天地之仁也；天地之不已，天地之敬也。圣人之学，道在一贯，持其枢者，忠恕也。圣人之恕，圣人之仁也；圣人之忠，圣人之敬也。子思著《中庸》，承孔子之教，其言曰："喜怒哀乐之未发谓之中，发而皆中节谓之和。"非和何以成仁？非中何以主敬？非中则仁之用不见，非和则敬之功不彰。仁用见，敬功彰，而博厚，而高明，而悠久不息，以著其载物、覆物、成物之德。圣人之道，不其大哉？

公甫老伯好学，诲人不倦，谓先儒之教，唯"仁敬"二字，足以括之无遗；爰衷之名编，命曰仁学。欲知学之所以为学，教之所以为教，胥必于是有取焉。浅薄如余，何足以序此书？然长者之命，不敢辞也。盖仁之与敬，如乾坤之二卦，似相反而实相成。乾至健而动也顺，大人之行，先天而天弗违，后天而奉天时；是君子之仁，而敬在其中矣。坤至柔而动也刚，君子之德，美在于中，而畅于四支，发为事业；是君子之敬，而仁在其中矣。不识仁，而自谓能主敬者，诬也；不能主敬，而自谓能识仁者，亦诬也。能识仁，则谓仁为本体，敬为工夫可也；能主敬，则谓敬为本体，仁为工夫亦可也。非是者，说仁说敬，尚无是处，况远于仁敬乎！

非战同盟宣言

民国十二年，重庆教育界人士，有非战同盟之组织，尝推先父起草宣言，其中若干句，今尚忆及者如下。

披阅五千年之历史，时有斑斑之血，点染其中。战有始，谁始？战有终，谁终？老弱填沟壑，谁为谁填？丁壮掷头颅，谁为谁掷？死者可作，宁无怨尤。而好战者，以神圣文武名之，以正义人道饰之……百年之功，隳于一旦；亿万之命，殒于数人。谁无兄弟？如足如手。谁无夫妇？如宾如友。膏液何辜，乃润荆棘？今之存者当哀之，哀死者之死于锋刃也，哀死者之死于奔窜流离也，哀死者之遗憾无穷，不得以其所苦告来者也。似是翻然悔悟，亡羊补牢，祸其可以少已否。人之乐生，谁不如我；悦以犯难，夫岂恒情？凡我同盟，既盟之后，有本此不忍之心，以行其意者，有如扬子江。

痛　言

倚夺之中人甚矣哉！怯者中于倚，悍者中于夺。狡者，忽倚忽夺。贪戾者，无往而非倚，无往而非夺。非倚夺能伤人也，与倚夺为缘也。顾亭林云："有亡国，有亡天下。易姓改号，谓之亡国；仁义充塞，而至于率兽食人，人将相食，谓之亡天下。"又云："知保天下，然后知保其国。保国者，其君其臣肉食者谋之。保天下者，匹夫之贱与有责焉耳矣。"竟无师云："国可亡，天下不可亡。明不可失其所以为人耳。"吾出川八月，所见所闻，十九棘心之事。吾受激刺，乃倍蓰于往时。吾蕴吾意于胸，欲言复止者数数矣。悲夫！人生实难，祸至无日。吾宁犯天下之所不韪，而不为吾心之所不安；吾宁开罪于材力出众之名流，而不忍坐视良民之入于罔罟。谓之痛言，纪实云尔。

贾凫西曰："吾好利，吾自生之，不夺窃。夺窃，盗也。吾好势，吾自使人，不仗人。仗人，犬也。"申而言之，自毁曰倚，毁人曰夺；自诬曰倚，诬人曰夺；自侮曰倚，侮人曰夺；自危曰倚，危人曰夺；容于人曰倚，不能容人曰夺；屈于非理曰倚，以非理屈人曰夺。倚者无以自立，夺者无以立人；倚者无所不为，夺者无所不取。人而至于无所不为、无所不取，则其人可知；国人而相率以无所不为、无所不取为日常生活，则国之前途可知。

蜀有学政治者，实行恋爱自由，诱其友之女为室，弃其十余年与居生子之故妻，而诬之曰不孝。某文士与其父不相能，著《家庭苦趣》一书，暴其骨肉之丑，自诩为家庭革命，世人亦以推倒孔家店之老英雄目之。北京大学某教授，以新文化宣传得大名，所讲中国哲学史，纰缪百出，经识者指正，犹复文过不悛。凡若是者，皆倚夺人类也。然此犹属个人也。

举措出于己党，不是亦是；行为出于敌党，不非亦非。昔日肝胆，而今日胡越；今日同器，而明日薰莸。事苟有济，手段不必择；身苟有利，人格不必顾。政治生涯，如是如是。忽而护法，忽而靖国；忽北忽南，举棋不定；忽彼忽此，如环无端。为内讧则力有余，御外侮则谢不敏。军人作用，如是如是。《诗》曰："嗟我兄弟，邦人诸友。莫肯念乱，谁无父母。"又曰："哀我人斯，于何从禄。瞻乌爰止，于谁之屋。"正若豫为民国咏者。虽然，此犹一部分人之倚夺也。

学界年来，好为群众运动，其最著之成绩，则聚而殴人耳，驱商人游市而榜之以卖国贼耳，焚报馆耳，毁所恶者之家宅耳，箝弱者之口，剥夺其言论自由权耳，闹学校风潮耳，随地开联合会，尽党同伐异之能事耳，自视为神圣不可侵犯耳。不宁惟是！宝诲盗诲淫之《水浒》《红楼》，而轻江河万古之《史》《汉》韩柳。高谈死活文学，漫杂而无友纪。此一族也。奉浮薄之士为偶像，而曰礼教杀人；尊蟹行之文如鼎彝，而曰汉字可废。醉心欧化，视昔之人为无闻知。此又一族也。其甚焉者，于人则权利在所必争，于己则责任可以不负。于养育之恩，可以置诸脑后；于睚眦之怨，或历久而不忘。随俗浮沉，以为服从多数；混淆黑白，以为顺应潮流。诟政客卑污，而其卑污不让于政客；责武夫横暴，而其横暴亦不亚于武夫；恶老辈偷惰腐朽，而其偷惰腐朽之习心，且驾老辈而上。教者以是为教，学者以是为学。

国将亡，本必先颠，而后枝叶从之，其斯之谓欤？虽然，犹未至明目张胆，引外人以覆宗邦也。孙中山在时，民党已有共产非共产之别。廖仲恺氏被刺，适有谗人交构其间，以求一朝之利，非共产派遂不见容于粤中。夫弃兄弟而不亲，天下其谁亲之。尤可痛者，即于黄埔军官学校、上海大学等为制造杀人倡乱之机关，犹嫌不足；更于各通都大邑，胁诱我血气未定、智识未周之男女青年，而灌之以麻醉神经之毒剂。悲夫悲夫！盗贼遍于国中，人民无所得衣食。国命且斩，何待于革？国产且破，何有于共？不辨内外情势之若何，而视阶级斗争为无上宝筏，不智孰甚！不爱四万万人之生命，而利用之以作一党试验之工具，不仁孰甚！……噫！公等休矣。

俄人百年来挟其南下之政策以临我，蚕食我边疆，蹂躏我老幼，无时不思逞其所欲以去。公等宁尽忘诸！今之俄人，犹是昔之俄人，岂其民族好侵略之天性，以政体变更之故，遽一旦化为礼让。观彼之所以待我者，放弃权利之言甫脱诸口，而吞并我蒙古，着着进行；贿买我人心，头头是道。经济侵略，政治侵略，文化侵略，苟利于彼，无不兼而用之。吾求其所以爱我者，邈不可得。公等不惮抹杀一切事实而为之辩护，其无乃饮酖而甘，落水求伴耶？公等之为俄也则忠矣，如吾国何？如吾民何？夫彼自共产主义施行后，生产锐减，财政奇穷，较之大战以前，十裁一二。自顾之不暇，竟毅然出无限之运动费、宣传费以供给我。明明视吾犹外府，而谓其绝无所图，非我所敢知也。彼于同种同俗之人，且以党之不同而加抑压，而谓其于异种异俗者，独以诚意助其成功，更非我所敢知也。

明之季世，满清借吴三桂之力以驱除汉人，汉人朝不反抗，则三桂夕就诛，不问其反不反也。公等纵不为国人计，宁不为一身计乎？狡兔死，走狗烹，吾正为公等虑也。即让步言，苏俄无所求于我矣。试问：改造社会之事业，而依赖邻国为指挥；具昂藏七尺之躯，而白受无因而至之馈赠，则国之所以为国，人之所以为人者，安在哉？忆自甲午以还，国势已如漏舟，飘摇风雨，出没波涛，刻刻有陆沉之患。愚不肖者，恒舞酣歌，流连忘返，曾无异于三十年前。不意智勇之士，今竟倒行逆施，作此日暮途穷之计。耗矣哀哉！契丹之灭晋也，耶律德光问冯道曰："天下百姓如何救得？"冯道对曰："此时佛出救不得，惟皇帝救得。"今之仰仗苏俄者，即惟皇帝救得之意也。以如是之人，而作国人之向导，是将使五千年之神明胄胤，谓他人父，谓他人母，宛转呻吟于鲜卑马蹄之下，而万劫不复尔。

我闻在昔，非我族，必有异心。民到于今，微管仲，吾其左衽。准《春秋》大复仇之义，则俄固世仇；依孟轲不嗜杀之言，则俄乃好杀。盗名、盗货，同一贪饕；求系求援，终为鱼肉。《诗》曰："无信人之言，人实迋汝。"《传》曰："戎狄豺狼，不可厌也；诸夏亲昵，不可弃也。"亲俄乎？亲英、美、日、法乎？其为乞怜，则一也。

吾闻医者之为医也，病不同则治疗之术异。病同而体魄不同，时令不同，习尚不同，则治疗之术亦异。中俄之社会，不惟病不同，他亦绝不相似。即以苏俄试而有验之方，施之吾国，已属不适，而况乎苏俄亦未尝成效卓著哉！吾国际此危急存亡之秋，六脉皆虚，奄奄一息，断不可再用大泻大吐之药，以断送其如线之生机。惟有耐心调护，以待其徐徐平复，斯可耳。调护之道奈何？曰知耻。知耻者，四无四有是也。无轻率以增益国人之饥寒，无暴乱以斫丧国家之元气，无屈于非理，无以非理屈人。

有以自立，有以立人，有所不为，有所不取。是虽平平数语，在今日实为续命之灵丹。一人可服，人人可服；一日可服，万年可服。我父老昆弟乎，我诸姑伯姊乎。一国人才，只有此数。合力扞患，犹虞不济，安可自分其势，令谋我者窃喜于旁？夫迷途知返，往哲是与；不远而复，先典攸高。……倘有明理达变之材，幡然悔悟，一反前日之辙迹。我先民之精爽，实式凭之矣。有志之士，盍归乎来！

《甲寅周刊》第一卷第三十三号

祭叶子端文

呜呼子端！运有升降，时有暑寒，日月有盈蚀，形体有亏全，默察乎一气之流行而不息，因天地万物而齐观。而卓卓乎其特异者，独能灵秀于瀛寰。

呜呼子端！子虽蝉蜕而去，子之生平风概，犹漾漾于吾人心目之间，其英多磊砢，霞举轩轩，如有万古，入其肺肝。具飞腾之龙性，宜其伏处于穷僻之境、清冷之渊。岂知乾坤幽闳之际，实不容人力之转圜。千秋万岁如一辙兮，又何兮而不然！魂而知此理兮，亦可以膜月于深泉。从此穿精神于雷霆兮，散气质为风烟。震撼乎阴霾之抑郁兮，化斯民之梗顽，虽死而未死兮，胡悲慨之足言。

呜呼子端！原始反终之道，固知其尔尔，而生死离别之情，回荡于胸膜者，终不免夫涕泗之涟涟。

书　札

　　《甲寅》复生，国人重得循诵先生之伟论，以端正其趋向，不可谓非混乱之时局中一大幸事也。前于《民立报》《独立周刊》《甲寅》杂志，数数睹先生之文辞，而想望君子之丰采。而《甲寅》辍版，良用怅然。继闻有再起之说，心焉喜之，久之而阒寂，以为先生之诳我也。不意甫履南京，而《甲寅》重光之消息以至，知先生之未忘乎斯民也。自一至七，已获庄诵一通。观其于培养民德，挽救时风，厘正文体之意，时流露于字里行间，诚有慨乎其言之也。近日杂志，多于牛毛，阅者恹恹欲睡。如《学衡》《华国》之词气雅驯者，实为星凤。《甲寅》之痛绝白话，亦固其宜。然从前琢磨过甚之文，不适于时，必归沙汰。不过改弦而更张者，立言略有扬抑，而附之者变本加厉，一若游谈无根。即曰辞达，虑亦非倡白话者之初衷所及料也。先生掌教育之权，以修爵立诚帅天下，揆之仲尼欲善而民善之义，决无不可潜移默化者，亦何用鳃鳃过虑哉？京中女师大事，先生所为，大不理于众口。窃以挽今日之颓风，宜化之以渐，不宜施之以骤。法家严肃整齐之力，终不如儒者至诚恻怛之为之收效弘而远也。先生以为然乎！铁风，西蜀之鄙人也，名不出乎里闾，足不及乎域外，虽醉心于前哲，亦景仰于时贤。察国家三十年来，能于学术方面，具有开天辟地之手腕者，惟有四人。一吾川之廖季平，一浙中之太炎先生，一梁漱溟，一欧阳大师而已。廖曾与之接谈，而未暇读其书。太炎先生之著述，则读之垂二十年，而未识其人。漱溟亦然。于竟师，则不惟读其书，知其人，且不时承其训诲。师之精光耿耿，如皓日当空，一见辄令人不忘。天之于我，诚可谓厚。私心犹以未见章、梁两先生为憾也。月前读《甲寅》三期，稔先生于东西文化及其哲学，有所评骘，下注云容载本刊。今已读第七期，尚未登布，望先生之有以豁天下士之耳目也。

南京鼓楼保泰街四十二号，九月四日

《甲寅》周刊第一卷第十号

十二期《原化》，读之竟，慰甚。前者十期辨答之词，出自先生，固不失为正议。若愚以此贡谀，非惟心有未忍，于事亦未可也。自问行能虽无似，中正之官，取决于胆，从不屑以"怯懦"二字，自误以误人，况于先生。当今之世，国事仓皇，无所托足。得一真正之法家，固远胜于小儒万万倍。愚读书数十载，唐劳其智力精神，而无所归宿，卒于孔佛二老，得闻胜义。自矢求向上一着，以终吾年，不免于尊意微有出入，实则平情而论，先生所为，亦大不易，天下人皆爱护之不暇，愚何敢过相苛求耶？孟子曰："齐人莫如我敬王。"区区之心，固有在也。书不尽言。

南京毗卢寺法相大学，十月二十号

《甲寅》周刊第一卷第十九号

民气不用则销沉，滥用则衰竭。年来国内民气，滥用过度，对外几无可言。……曾子曰："自反而不缩，虽褐宽博，吾不惴焉；自反而缩，虽千万人，吾往矣。"古今来掀天揭地之事功，无不由从善服义，植其基本。故民气来路，不必向外驰求，第疏浚其泉源，自可取之不尽。近人梁漱溟氏，颇心知其意，其他鲜有见及者。至若马克斯学说当如何研究，吾国现状是否适于共产，改革事业是否可以倚赖他人，皆必穷勘到底，一步不可松懈。前者人类生死存亡大问题，后者国家治乱绝续大问题，断不容草草忽过。《甲寅》于此二点，似犹含意未申。先生服膺孔氏，邃于马学，其能馨出所得，以引导群众之视线乎？想有心有目者，无不具同情也。又周刊间羼西籍名词，鄙意以为不妨译出，以一文体而便读者。高明其许之欤？

南京法相大学，夏历元夜

《甲寅》周刊第一卷第三十三号

歌行一首

剑阁巍峨巫峡牢，三三五五天狗堕地声嚣嚣。千山万山杜鹃啼不息，魂冤直上干云霄。死别长苦悲，生别长相思。几人洞胸胁，几人烂肝脾。四野无风云墨墨，忧心如焚肌肤栗。为谁辛苦寻干戈，不杀仇雠杀同室。战士归来不值钱，将军囊橐总难填。曲如钩有封侯命，直如弦死通衢边。

七律四首

人间花草太匆匆，春未残时花已空。死有余辜秦吕政，罪何可赎汉曹公。阴图数载儿孙业，凿破千秋混沌风。酒后渔樵伤往事，可怜竖子亦英雄。

月圆月缺任西东，云卷云舒今古同。凤去巢倾愁卵毁，冬寒龙蛰待春融。民心屡剥机将复，国步虽穷路转通。刘项雌雄浑莫辨，楚人拾得楚人弓。

永命谁云未可几，回天有术赖人祈。今年且把稻粱种，来岁不愁禾黍稀。南北东西春自在，茑萝松柏梦相依。淋漓元气充瀛海，我亦澄观独契机。

羲农去矣事堪追，手辟榛芜即九逵。肯信斯民终涣散，岂无豪杰济艰危。天垂日月群魔伏，风动旌旗五色挥。珍重此身犹有待，井蛙徒作管中窥。

五绝一首

桓桓曹孟德，霸气压群英。万岁千秋后，星稀月自明。

自题像四言四句

虚堂琴声，空山月色。汝是何人，我亦不识。

主春日用张老除夕诗永萧史元旦 诗志谢庞公兼呈大彭阳虞李子

低昂苍翠在松枝,不识春光有早迟。夔奏萧韶仪凤至,鸡鸣风雨故人思。众星北向依辰列,万水东流与海期。孤负逮亲三釜意,忍言新历旧年词。

挽叶子端联

黯然别者销魂上,有重闱思子念孙劳怅望;
悲哉秋之为气剧,怜孤寡登山临水送将归。

家乡大门联

东去江声流汩汩;南来山色莽苍苍。

传志交游

唐迪风墓志铭

欧阳竟无

民国十四年秋，支那内学院建法相大学，先三日，宜宾人唐烺字铁风者至。坐定，呈志情急，口吃，至于流涕。予已为之动。释奠之日，遍拜大众，忏诉生平，则涕泗交并，一时大众悚然。学幻三年，躬杵臼，妻炊爨，童子绕榻读，三数人，歌声若出金石。妻陈大任，蜀奇女子也，能诗，有句："今年更比去年穷，斗米兼旬簋不馕。"以是不可久，棹还蜀。乡居食粗粝，大任有句："自砻麦面和麸饱，清煮鲜蔬入碗香。"铁风处之晏然。呜呼！可以约矣。夫夺志之敌，有三大势：曰贫、曰贱、曰险。迈往之士，遇之而废然返者，盖累累也。三兹者备，而能悍然，可以适道。三兹者盛，御之而无术，必败，不能清净自然。力争之，矜持有过激行，亦无妨也欤？元年革命成，蜀之士不图建树而竞禄，铁风愤而有句："武士头颅文士笔，竟纷纷化作侯门狗。谁共我，醉醇酒。"或劝之仕，曰："君其往，吾已祝土神善固其土矣。"思以正论移易天下，主笔《国民公报》，视强御横势，蔑如也。胡文澜督蜀，日杀不辜，封其报，执事匿，铁风出而自承，几不测。八年，陈大任截发，非议蜂起，官禁示。铁风文喻众，呈惩官，不稍退。亲情有貌似铁风者，积怨于其乡，乡农民设农民协会杀人，或任意，睚眦必报，逮铁风图圄矣。铁风吟诗自若。尝扁舟溯江，滩急触舳舻，拯大任于水，抱儿行烈日中，夜则哺之。稍闲，秉烛读，舟泊绿林出没地，蒹葭白露之声，与微波幽月而徘徊。生平无一隙废诵，有资辄购籍。或卧病，则出其旧碑、名画、文石、古泉，把玩摩挲不已。教学二十年，语未尝不动人。教学月所得，不过十余金耳。有乞资返里者，悉与之不吝，而亦不问其名。盖强制之力有如此。然最后易铁风为迪风，而别字渊嘿，则亦渐近自然矣。惜哉不永年，以二十年五月十日死，生世四十六耳。葬于乡。子二：君毅、慈幼。女三：至（中）、询（季）、宁（孺）。毅能继父志，以状来乞铭。铭曰：乳狗噬，於菟避，无敌者气。塞堪舆，制夷狄，沛然孰御。国风靡，不若是，思吾狂士。

唐迪风别传

刘咸炘

余年三十，而足不出百里间；所与游者，惟姻党及父兄门下。丙寅出教国学,始得新交数人,其一为宜宾唐迪风。交三年,而迪风暴疾卒。余悼惜之甚。迪风平生非碌碌之人,或怪之,或恶之,或感之,他日当不泯尔。顾以余所知其自成成人之志,皆未克遂。成书数卷,非其至者。弟子所录遗言,亦非其独得。余与交日虽甚短,而颇闻其自道,又颇有他语铭于余心,亦足以见其为人。因缀之以为别传。知迪风者见之,或当以为未尽。然余所见之迪风,与余所不忘之迪风,则在是矣。

迪风谓余曰:"子新交吾,止知今吾旧耳,不知故吾乃极新。"又曰:"吾遗腹生也。吾母卒而吾大痛伤,伤而病,病而万念灰,灰而反求于先圣贤之书。乃走金陵执贽于欧阳先生。"又曰:"子知吾之从欧阳先生乎?既见即请曰:'弟子不愿学佛,愿学儒。'先生不诃也。"又曰:"子知欧阳先生乎?即使其说教无一句是,其人要不可及。"此皆迪风初交余所谈。余于是知迪风之诵孔孟朱陆,于举世不喜之时,其故安在也。

余固好谈,而每怯不敢谈,忙不暇谈。迪风好谈尤甚,亦忙不暇谈。与余相见,甫坐定则谈起。谈于余塾,则诸生皆惊,而来环于坐前;谈于余家,则诸童皆惊,而来环于窗外。余亦变怯为勇,变简为繁,变默默为叨叨。

迪风长身疏髯,声高而壮,其言多直致,不作步骤,不尚分析。其登讲席也,隔舍乍听之,如有所诃斥。人或轻之,谓非工于演说者。而余则觉其言多浑而警,足使颓者起立也。

迪风持论，不尽与余同。余好道家，而迪风稍轻之。迪风诋慎子为乡愿，而余稍宽之。迪风宗象山，而余嫌象山太浑。若此小小者，颇有之。余奉家学，不敢以骤进于迪风，迪风亦略不及。余作《三进篇》成，以示迪风，而迪风漫是之。余亦不复进论，至今以为遗憾。然当迪风与余高谈，则相争者一，而相应和者九。其尤两快者，则人禽之辨、圣狂之异，大声而疾呼。余尝伺其间而笑曰："子诚大胆，夫我则未能，顾子乃冲锋手耳。"迪风亦笑而挺身曰："吾诚冲锋，吾固愿冲锋。"意盖谓舍我其谁也。

敬业学院者，迪风与二三同道友所设，沿俗男女同班已久矣。一日，迪风忽慨然谓余曰："吾终当使此学院，男女分班。"余闻之乍惊而肃然起敬。盖虽迪风，余亦不意其竟有此言也。一日谓余曰："吾近乃觉西方之学，与吾华先圣之学绝不同，吾辈谈先圣之学，绝不可借西方语。"余闻之愕然，以为过，而亦为之肃然。又一日谓余曰："吾近愈觉古人不可及，邵康节、黄石斋之数学，大有蕴蓄，吾当求之。"余闻之，亦默然不敢论。呜呼，迪风之旧，岂止今日之所谓旧哉！余亦以是知迪风为不可及矣。

迪风在敬业学院讲孔学概要、宋明理学，尝与余同下讲堂，忽谓余曰："吾知吾今失败矣。在讲堂讲理学，听者多不得其绪。"余曰："是固然，不独学生向未习先儒书也。今人开口说治国、平天下，曾不知有身心，子亦思子昔之归心先圣贤者，何由乎？子得问题者也，而彼岂有是哉？"因相与太息。迪风又尝从容谓余曰："子之史学，当多传道，不可空讲；必以史学为躯体，当今非此不能正邪说。吾不能如子之多所涉，一指不能按数虱。惟愿得再温五经，或当更有所窥见发明，他学余亦不屑措意也。"

迪风论学，重心得。当今群学竞炫之时，若无一长可见；而时出一言，根极理要，足使博辨者废。然尝谓余曰："子勤于写，吾胸中亦多可写，而懒不克写。"余因劝以速写，盖使迪风为长篇论著，以辨俗学，未必能胜。若随笔记录而拣择之，必多可观。今迪风往矣，说经之愿既未偿，可写者亦多未写。其精言高论，即余所闻者，亦一时不可忆。今所记者仅此耳，然已足见其精神矣。

迪风名烺，初字铁风，晚更书为迪风；而友朋中或戏呼为唐风子。观其名字，亦可以想见其人焉。

《吴碧柳别传》节选

刘咸炘

碧柳与迪风，虽皆不合时宜，而世遇则异。迪风多为人所恶，虽亦有感之者，而几至避地。碧柳则多为人喜，虽谤亦随之，而所至亲附者众。碧柳卒于其县中学校长之任，积劳而病，其死也哀诔诗传表颇具，较迪风为赫喧矣。迪风形顾长，而气盛露，碧柳则体遒削，而气沉抑。迪风词锋虽可畏，而颜常若笑；碧柳平居讷讷，而有不当意,则双眸眈眈直视。以昔人品藻言之,盖迪风近狂,而碧柳近狷焉。

附:吴碧柳遗书四节

铁风告我:"儒家于善善之心,充量发达;恶恶之心,务求减少;否则一身以外,皆可杀也。"有味哉！有味哉。(十八年与吴雨僧)

兄谓我辈皆有不免好名之病,实体认得清楚。尝闻铁风谈及:"市井之人多好利,江湖之人多好名。"亦觉道出自家病处,盖正所谓江湖人也。(廿年与刘鉴泉)

唐铁风者,吉仅见之矣。重大聘吉,当更聘铁风。世之诟铁风者,憾其激烈。吉所取之,正在此耳。古惟狂狷,可以作圣。彼学养未至,即自中行入者,必为乡愿无疑。弟与吉,皆伤于狷,铁风特病狂耳。然蜀中学问之正,未有过铁风者矣。(与邓绍勤)

近日国中孔墨合一之说,以为既可以取容于时,又可以标新领异。实则铁风所谓乡愿耳,真令人思铁风不置也。(答友人书)

祭迪风文

陈大任

维孔子二千四百八十二年七月十六日,陈大任谨以香楮烛帛、羊一、豕一之仪,致祭于唐君迪风之灵位,而泣曰：呜呼痛哉！成都相别，不数日，而子竟至此耶！宁儿哭送君时，君抚儿曰："爸爸去，不久即归来。"言犹在耳，吾君遽忍至此耶！自送君去后，携儿入室，见君所钞书，叠叠满案。披阅之，不禁泪涔涔下。至夜，儿辈围坐读书，独无君在座，亦不觉潸然者。久之，犹以君暂别，聊可自慰。有时回想平日仪容，茫如隔世；有时臆度沿途及回乡情况，心必震惊。念吾君此去，宁有他虞，因谓至儿曰："汝父被叙电催去，他日该不至再促我也。"悬悬之心，忽起忽伏，未尝一日去诸怀也。

原约至嘉定当与我信，眼欲穿而音仍杳。然五月九日始得来书，知君安抵叙矣。书中云："连日天阴，船中数日，丝毫未病。"奉读之下，释然自解曰："我前日实疑虑，所生幻想，方待归来，将此中情思缕述于君也。"

明日午寝，则见君坐窗前，我即起谓君曰："子已归来，盍不一语。"而再而三，君终不答。比醒，复大疑之。吾君殆病矣乎！追省信中云云，岂君之慰我者耶！越日而凶电果至，时如天地崩裂，神魂飞逝。旋因电码未详，意君急病，或尚犹以可治也。克日捷道奔回，未至门而心胆俱碎。天乎痛哉！吾君果长此已乎！号痛欲与俱。又为诸儿是痛，抚棺几绝，而君仍偃然不起。

呜呼迪君！彼时君之精诚来感通我耶！欲我即归耶！恨我究未深信其事之果验也。

计梦君来蓉之日，即君弃我之日也。痛哉！此益使我抱无穷之憾，而不能顷刻忘已。彼时，吾君孤怀欲语，而谁可语也！呜呼迪君！我之痛何可言，我之悔尤亦终无已时也。君本不欲回乡，而竟回乡，其谁使之耶？神耶？鬼耶？而莫或止之耶！天耶？命耶？夫何使我至此极耶！

大嫂临危，属家事于两弟。两弟急于星火，不惜千里迭电促君归。君不忍负两弟意，两弟之两电，则不啻为君之催命符也。君一生不怨不尤，视死如归，自无遗恨。

惟我与儿辈，自今以往，终不能一刻忘此两电也。两弟拍电时，叙城流行症正烈，行人皆缩足，而两弟未之知耶？抑两弟不胜家事之劳，急欲待卸而未之思耶？呜呼！两弟今后，受托之责，其将谁卸？其将望谁分忧分劳？向谁相催相迫？呜呼迪君！吾固知两弟未虑及君，竟至于斯也。然两弟今后之痛心疾首，不知为何如也！

呜呼迪君！前日数阻君归。君曰："恐无以对两弟。不去，必反不安，且难得与崔卢先生同船，藉可顺游峨眉。"我复请君："我与至儿分一人随君。"君言："我二人易病，不如君一人去为愈。"不得已，听君径去。即而，闻君因护送冯、胡二女生，直至叙，故未与诸人同游。抵叙后，又特为二生待轮船，留城中四日。复亲送二生上船后，乃于端午前一日回乡。当送二生时，君痔疾大作，步行甚苦，且往返数次于炎日之下云。呜呼！我何忍卒闻。彼时我与至儿或随君，当不使君如此忍艰耐劳，中途则脱然共诸人游矣。孰知君为保我等之安全,置己身于不顾,而致罹斯疾也。呜呼痛哉！吾君此次之行也,无往而非我之咎。每一念及,恸极椎胸,悔之莫及矣！

忆君自先姑见背,居常寡欢。逢先姑忌日、生辰,益感伤不已。时虽设计排遣,然终难得君欢娱。惟儿辈怡怡一室,君每顾而乐之。尝谓我曰："诸儿皆比我强,我生而未见父,阿母如得见诸孙逐渐长大,不知如何喜爱也。"言时辄泣下,若不自胜。因此,知君非儿女在侧不欢。每有行,必令一儿相从。此次君竟一人回乡,加之三伯母、七叔母、二兄之灵位均设在堂。三伯母,君自幼呼之为母,事之如母。其视君也,一若所生。君与相别,五六年来,尤时时在念者也。闻侄辈言君悫甚,甫抵家,即顶礼跪伏灵前,涕泣不可以起。端午日,又亲购食品以飨二老人及二兄之灵。迨病已,犹复强扶楼取晒藏书,其间又在在皆先姑手泽遗痕。君茕茕相对,不知若何悲戚。闻姑母言,曾见君晒书廊下,在书丛中反复周寻,又数数太息,似有无限隐情。然询君则先舅之文稿也。呜呼伤已！君之孝思,哀且苦矣！如此等等,毋乃重君之病欤！其谁体君之心而慰之以言？审确病情而慎之以药？是皆我与至儿未追随左右之罪,夫复何尤？呜呼哀哉！

忆我年十八来归,彼时与君浑然孩童也。君长我一岁,颇能好学。我乃不知所从,居则惟女红是务,出则联袂以嬉以游。先姑爱子媳若命,略不责所以。人有讥笑言于先姑者，先姑弗顾焉。我恃而无惮，益恣其憨状逾年。初别君，随父并诸姊妹赴蓉，夜宿船中，梦与君嬉戏，竞掷石江边，君忽失足溺水，我大哭呼君，声闻吾父，父唤醒我，问以故，我寂然无以应，旋闻父作叹惋声，盖慈父实已体察儿女之情已。此二十五年前事，犹宛在心目也。

曾与君约：设君诚有不幸，必与君俱。且喜君体质较康强，要不至在我之先，则我之所虑又未以为忧也。然又恐我固多病，旦夕且死，自计则善而于君之情境，则必不堪遗此诸幼。君将奈何思之，复泫然相依以泣。君抚慰我曰："毋庸神经之过敏也。"呜呼痛哉！孰知昔为君悲者，而适成其自悲矣！今我生意尽矣，每闻宁儿哀呼阿父，毅、至等背吾啜泣，此心已寸寸断，惟竭力忍泪托残喘于诸儿。恍惚间，又疑此身仍在梦也。其真梦也耶！不情之棺，胡为而在堂也？信然耶，世间竟有无父之儿耶？世间之父，亦如君之爱儿耶！依依子母，更相为命，更相为慰，又胡为而然也。天道果如斯耶！呜呼悲已！

呜呼迪君！与君虽夫妇，而实师友也。一旦不见，如婴儿之失母，又如左右手之失援。顾瞻俯仰，谁可与语？如有不善，谁为告诫？我有不学，谁为勉勖？我事理不明，谁为析疑破惑？佳节良辰，谁与寻幽探胜？触处陈迹，倍增凄怆。凡昔同游玩之地，从此均成绝诀；同放纸鸢之石阜畔，更何忍见黄土一坯？我之哀思日日系于堂中，今将移向于此，吾足何忍临其境？吾身何日同其穴？

同其穴矣，又不知彼此能相见否也。此身一日不死，则一日不能忘也。

夜或兀坐灯前，仿佛与君展书共读。竹窗风过，仿佛君激昂慷慨声。临饭即欲奉君所嗜菜，仿佛来尝。宁儿啼饥，仿佛仁慈恺悌坐儿膝上，食之糖饵。呜呼迪君！是精诚无乎不在也。我思君之诚，无时不然也！其或能相感而一见君之颜色乎！前于清夜，特步庭中，诚虔敬祝君归来。满庭月色仍如旧日，四顾回还，独不见君影形。惟惨檐灵灯，愈助人凄绝，更进而伏棺静听，频频呼君，仍不闻君动息。呜呼痛已！迪君乎！其有知欤？抑无知也欤？

呜呼迪君！素与君心心相印，兹独无感应乎？呜呼迪君！即不能形影相接，希常于魂梦相通。梦中偶见君，忽非可亲之容，岂以我平日好持己见，与君争论，故以此不屑之教诲以教诲我乎！呜呼吾君！平日启发我者，无所不用其极也。恨我役役终年，不知何者为学，更不知君之所以教。忆君语我有云："学非求功利也，尽其在己而已。"我习焉不察，凡所为，莫不与君背驰。及其弊端百出，君反引为己咎，自责其遇，而我仍长恶不悛。君又以涵泳篇等置我侧，更亲磨墨裁纸，令我钞书，意我游心于此以纾积弊。

呜呼迪君！我始终不悟，吾君在天，其不瞑目矣！君尝言我父为读书人，而我从未读书，恒以为深惜。每以至言激动我。我生性不知，与俗浮沉。君时隐其孤衰，殷殷开导我云："良书即无友之人之良友也。"尝思之我年四十,而壮心未死。昔即不体父之志,以略尽其孝,今且无以副君之望,而励其行。抚躬内怍,不觉汗之浃背。年来方奋志为补牢之计,早晚从君学问。呜呼痛已!往日君谆谆诲我,我偏悠忽,旋听旋即置之,殊未味乎其言也。今而知欲学而君不留,思聆君之教而不复得矣。呜呼!虽天之绝我,命实为之。呜呼迪君!我不肖之罪极矣!负君实深矣!今将何以自勉,以报君之爱我乎。

诸儿赖有父风,能使率其性,以继承父志,差可塞己之过,而慰君之灵已。

君一生学不厌、教不倦,守先待后,其志可齐先圣。自与君相处,惟见君朝夕废寝忘餐,深研群书。时有所得,便忻然绕室;或中夜起,援笔记录;或呼予以告,廿余年如一日。平居则恬然自适其适,躬行所学,勇猛精进。自奉菲薄,而酷好置书。君曾拟售藏书若干,以偿债务之急及济然眉之需。我即竭力赞成,但以君素所宝爱,终未割爱。我愚而不学,每好反对君置书。君以此,往往忍情抑性而从我。呜呼痛已!君且谓我曰:"学与食,食犹可绝,而学不可一日间断也。"又曰:"如不赖先哲之书,则日沦于禽兽,亦不自知。"呜呼迪君!惟君之书史等,当命儿等检收辍藏。我纵断炊饿且死,亦不忍拂君之心,而卖君所爱。迪君乎!君如可作,即倾家供君所好,乞食而得偕君,亦所甘而不辞。呜呼已矣!夫复何言?

吾君每言及孔孟学术垂绝,辄感慨歔秋,毅然以振起斯文自任,并以此教学子。授课时常常披肝裂肺,大声疾呼,痛哭流涕。其苦心孤诣,我常为君拉泪,因以"徒劳精力,于人何补"之言劝君,君曰:"倘能唤醒一人,算一人。智者不失人,亦不失言。"

吾非智者,惟恐失人,吾不得已也。忆民十一年,君代蒙公甫老伯作挽某生联云:"嗟予衰病余生,痴心望后进人才,挽回气运;愿尔英灵有感,高兴补此番遗憾,再到娑婆。"此虽小品,亦略见君所以期望后学之苦心,非一朝一夕也。

近年中,乃兢兢于著述之事,已成之书外,《人学史》蕴蓄已久,开始草创,而未终篇。其他欲作者,正复不少。呜呼吾君!已知人心风俗不可挽回矣!君之大愿未偿,吾君之心苦矣!昔孔子以道不行,欲乘桴浮于海,而欲子路从之。今君独舍我而逍遥天外,而不令从。噫!殆我之命矣夫!虽然吾君实不得已,而暂以身殉道,待他日再来中国也。果尔,则后会可期也。吾君禀性与貌,迥殊凡俗,想无异今生,我自能识君,君亦必识我也。迪君乎!然欤否欤?其来明示我也。往日,君上课时,感精神不济,曾语君勿为家计而勉任其难。君曰:"宁有是哉!若图一身一家自肥自逸,计天下何事不可为?"呜呼迪君!实因竭思劳神,而益羸其躯乎!吾君一生所为,无非急公忘私。视己之病,漠如也。且恐我与儿辈以君病为忧,又屡讳疾不言。从前我错认君身体康强，故日疏懈，致君或竟亏于微渐，而我犹不知未尽心之罪，容可逭耶！

乡日，民十五年，偕君客金陵，我卧病，吾君时陪坐床头，持书谈咏。凡君一言一笑，藉减轻病中苦痛不少。其他延医调药炊爨，以及小孩琐屑等事，吾君莫不躬自为之。寒夜深宵犹劳劳未寝，日初曙即起，然灯载读载炊，饭毕挟策，徒步二三里雪地，就竟师讲学。迨归来，衣履间坚冰白雪，耀然夺目，君亦弗之顾，惟殷殷余病是问。天乎痛哉！我不学无德，多愁善病，累君实多多矣！我之罪，更万死何赎！呜呼痛哉！吾君盛德，胡先我以去，我之不肖，可死久矣。彼苍瞆瞆，一何至此！

念君最崇孔圣，雅好《论》《孟》诸书，特于君灵前早晚虔诵，并令儿辈轮流奉读。恨我平日未能如君之事我以事君，兹欲补前愆于万一，顾可得哉！当我读至君所爱之章句，忽觉君音容如出其上，如在其左右，辄伏案痛哭，不可卒读矣！

呜呼迪君！过去之事，诸多茫然。忆及一二，靡不使此心如割。犹忆君往日，凡出入儿辈，莫不争相迎送。君如归稍晚，宁儿必不食不寝以待。闻履声至，皆大喜拥出，扶将君入室，宁儿依依膝下，惟恐君又去。然君尤亲爱备至，抚摩不辍，顾谓我曰："儿等如此情笃，何忍远离。如有行，必偕一家去。"呜呼痛哉！所谓神耶！鬼耶！何弄人至此极耶！天耶！天耶！此恨有终期耶！

惟吾君服膺孔孟，并著书阐明其理。其理长存，则吾君精神亦长在也，吾又何用其悲！为顾君子之道，而今暗然君之形体与之俱隐。他日此道光大，吾君之形体与之俱显，道其寄于君之身欤！二十年后，国运将回，吾君真当出矣。我怲极辄引此自慰，吾君其何日来也。哭泣陈辞，吾君闻乎不闻？哀哉！

追怀唐迪风先生陈大任夫人

赖皋翔

读到台湾的《书目季刊》杂志的《唐君毅先生逝世三周年追思特刊》，不禁为之怆然。唐君是我故人，其邃学励行，海内共知，无待介绍。尤使我联想致念的是君毅的父亲唐迪风先生及其母亲陈大任夫人。其高志苦学而爱国忧世之深，居室则鸿案相庄，对世则诲人不倦，实近世蜀贤之卓卓者。君毅又自费印行了迪风先生的旧著《孟子大义》和大任夫人的《思复堂诗》，前者我尚存有当年成都敬业学院的旧印本，后者则五十年前已耳熟心仪，今获读新篇，不能不略抒管见也。

《孟子大义》一卷，成都《敬业学院丛刊》第一集第一种，北平京城印书局排印。迪风先生以民国二十年（一九三一）五月十日逝世，此书即以是年十一月印行。《孟子大义》后有彭芸生先生一跋，称："此篇乃为诸生所撰讲稿。"据自序，"此书成于民国十九年（一九三〇）六月"，而迪风先生适于次年五月染疫病逝,则此书乃逝世前一年之所撰,可谓最终定论矣。彭先生跋中又谓,迪风所著尚有《诸子论释》《志学谀闻》《文集》《诗集》若干种,均未见刊行,未几而敬业学院停办,不复刊书。今亦未见君毅为父另有刊传之书,似遗稿多佚,殊可惜也。

迪风先生名烺,一名倜,字铁风(见林山腴师《清寂堂诗》丙寅刊本《挽唐铁风》诗题),以字行。迪风乃后来所用名,而别字渊嘿(见欧阳竟无所为《墓志》)。《孟子大义》曾经早年南京的《学衡》杂志特载,今日香港印本即据《学衡》,而未见成都敬业学院所印,即余所藏之最后印本。

吾以两本对勘,港本附录有遗墨、志、传、吴芳吉先生书、彭芸生庞石帚两先生题赠诗等,敬业刊行本成于迪风先生逝世之顷,当然未载这些文件。惟林山腴师有《挽唐铁风》诗,君毅教授重刊父书时,竟未辑入,疑其未见或偶遗也。林诗云:

> 苦语成生别,重来竟不然。奇穷嗟至此,天道究谁怜。妇有黔娄节,人悲扊扅年。七篇仁义旨,强聒若为传。(君近来亟推尊孟子之学。)

此诗感慨凄怆,似尤能概状迪风先生之为人,与其贤配安贫乐志、鸿案相庄之美德。

又欧阳竟无所为《墓志》,港版《孟子大义》所载,乃据支那内学院刊行的《竟无诗文》，但原文引陈大任夫人诗"今年更比去年穷，零米升升过一冬"二句，港版所载改为"斗米兼旬箧不儃"，似嫌原作穷冬失韵，然而伤其自然，抑且不合当时情事。即港印之《思复堂诗》，固亦作"零米升升过一冬"也。

记吾当年与李源澄君送此《墓志》拓本于林山腴师，林师当即举此二语，称美不已。盖迪风先生一家数口，流寓成都，乃无斗米之资，一升复一升，但能供一二日之瓮飧之费，所谓朝不保夕，其艰苦可知矣。

又港本《孟子大义》附录迪风先生文三篇、诗六首，而目录不载；彭芸生先生一跋，本当在后，而置于序前。君毅教授平生深思哲理，穷究天人性命之源，而于书籍部居，文章体式，未尝措意，似应重为校正者也。

张表方先生之长成都大学，以学术自由为标志，故有非儒之吴又陵，有以《墨辩解诂》闻名之伍非百，又有崇孔孟、辟杨墨之唐迪风。迪风先生之教成都大学，吾已入本科，未得闻其绪论。但经过其讲授之教室，闻其大声疾呼，尊孟子之言，斥非孔之语而已。

迪风先生之为学，其初盖一循余杭章太炎先生之轨辙。章氏之学以文字声韵植基，迪风亦好文字声韵之学。章氏有《新方言》，迪风亦有《广新方言》，就蜀中方言，考其在文字学上之渊源。章氏为《诸子学略说》，多诋排孔子，迪风亦曾出题命学生历举孔子之失。章氏后撰《国故论衡》，一反旧说，推崇孔子，然其《原儒》一篇，别儒家及五经家为二，亦复隐示异同。迪风则寝馈儒学，深研宋明儒者，而有《孔学常谈》《孔门治心之道》二文。至于《孟子大义》之成书，而其学纯然于儒者之教矣。

亡友仁寿宋君梁材，于萧仲仑先生为懿亲弟子，又尝执教于敬业中学，所闻诸老辈谈及迪风先生之为人，莫不交口称誉，足证君毅为父《行述》中所谓"诸父执与吾父论学，虽不无异同，而于吾父之为人，则皆无间言"之说，并非溢美。

抑诸老辈之所赞誉者，尤在迪风夫人陈大任女士之令德。唐夫人曾管吾县简阳简易女子师范教务，虽不务声华，而美誉流闻，为众矜式。今观其《思复堂诗》，称心而言，不假雕饰，而情真语挚，无丝毫怨尤之语、矜躁之情。欧阳竟无于《迪风墓志》中称为奇女子，又于志中引其"自磨麦面和麸饱，清煮鲜蔬入碗香"之句，吾以为此其心境，盖几于宋明儒者所谓能得孔颜乐处者矣。吾意迪风先生所以推崇孟子，先揭义利之辨，而致意于辞受取与出处进退，不惜颠沛流离，憔悴而终，以实践其言者，盖得于贤内助者多。否则啼饥号寒，交谪于室，虽孤介特立，亦何以安其室家。君毅之编其母《思复堂诗》，附有题记，谓其母常称温柔敦厚为诗教，于古人诗，喜道及陶之意境与杜之性情。吾观《思复堂诗》，殆于陶尤为倾慕，故有《拟陶渊明癸卯始春怀古田舍》之作。记君毅昔曾为吾言，平生最喜陶诗哲学思想最为丰富，为诗家所罕见。此当由耳濡目染于贤母故也。若其眷怀家国之深情，悯念侨胞之苦痛，得于杜甫"穷年忧黎元，叹息肠内热"之深情也。此可于其在港诸诗征之。

大任夫人之赴港，盖由君毅之迎养，生活不失丰赡。当有人以出国为快，以香港为安乐窝，乐不思蜀之时，而大任夫人在其《同宁儿游荔枝角海湾》一诗中，叙其与爱女荡桨于海阔天空之际，而诗曰：

> 天苍苍，海茫茫，乘兴呼儿试浅航。扁舟摇荡碧波光，漫游原也无方向。登彼岸兮，情内伤。环山叠嶂，大陆在何方？人情凉薄兮，海水样。世道变化兮，沧桑。草木摇落兮，露为霜。群雁南归兮，弟与兄矫首西望，地远天长。父兮！母兮！茔墓荒凉。缅焉神往，何年何月得见我家乡？那山头挂一缕斜阳，影射跃波辉煌。噫吁兮！大陆在何方？

诗中一再言及"大陆在何方"，乃翘首西望，有地远天长之感，何年何月得见我家乡之思，实足代表无数侨居异地眷恋祖国之深情。归欤！归欤！千百年来席丰履厚之侨民，人同此心，心同此理。其不忘故国，非独一唐夫人陈女士也。而大任夫人言为心声，道出其心曲之隐。今日中英已签协定，香港还归有日，使大任夫人今日而犹健在，则其欢欣踊跃当为何如也？

此诗之后，又有《华商客居九龙》，诗曰：

> 无才拙生计，饥驱至海涯。喧天歌舞急，蔽日酒旗斜。木屋低于瓮，躬身类伏蛇。伤哉殖民地，人贱如泥沙。

> 市廛一隙地，华客不能赊。被驱若鸡犬，群聚噪寒鸦。袖中有日月，分外发光华。如许盗铃事，人民可欺邪？

则其悯叹同胞之痛苦，亦不觉言之悲也。又有《对月忆故园松柏》及《蜀中》诗，"谁使香洲来更远，江南回望是家乡"之句。以及《点绛唇·客香港回忆家乡》；又《点绛唇·客香港》：

> 为问东皇，怎生不作繁华主？港湾处处，无复寻生趣。　　大陆春回，谁又留他住。桃源渡，武陵人去，何必寻归路？

皆代表其系心故国，不忘欲返之情。一篇之中，再三致意，所以终于别其子媳，浩然来归。其既归也，则有《观群童搏斗为戏》诗，又有"祖国建设正辉煌，欢迎游子归故乡。姊姊妹妹，弟弟兄兄，一齐携手向前往"之句。虽见当时措施尚未尽如人意，而亦希望无边，使得见十一届三中全会以后，国内之巨大变化，则其欢乐当更有加于此也。

中国历史上称颂漆室之女不爱己身而忧国家，以为女界之典范，而大任夫人具之，则夫人之外相其夫，内教其子女，必有以异乎寻常。君毅之所以能以中国哲学扬声世界，必出于其母之勖成，所谓非此母不生此子者也。此吾所以述及迪风先生一家而重有感也。

吾与君毅之相识，盖由于吴君毅先生之一言。时吾方毕业大学，教于蜀华中学，有资州师范校长来托代聘一教务主任，吾问之吴君毅先生，先生即以唐君毅荐，已有成说，而此校遽聘他人。吾耻于见欺，在蜀华言之而叹。时蜀华教务傅君，为成都大学同学，愿聘君毅教哲学概论，嘱代为致聘。吾因访之于锦江街寓宅，见其衣履穿弊，面有菜色，以为此绩学之士不修边幅者适然，而未知其家境之窘也。其后得交李源澄，源澄与君毅夙相契好，因得稍稍过从。一日三人共聚于吾文庙西街，各述所企求。吾云："我所求者安定。"君毅云："我所求者自由。"源澄不言所求，但自称朴实而已。又一日同聚，源澄道及内学院宜黄邱君之死讯，君毅怆然不怡者久之。源澄语吾云："此可见君毅之深于情感。"又一日源澄告予，唐君毅闭门一月，草写一书，因同往访之，询其梗概。君毅告以有关人生问题之探究，初拟名"人生之路"，以其近于基督教福音，故未定名也。其后源澄与君毅共创一杂志，名曰《重光》，出五期而停。罗孔昭运贤之《四家诗异义序》即载于其上。其后君毅去任中央大学哲学系主任，即不复相见。吾与君毅往还谈论，今所能记者虽止于此，然其事固时时往来于吾心。今源澄之逝,已逾廿年,君毅殁亦数载。两君皆齿少于吾,而溘然先尽。吾述此文,所为感旧歔欷而不能自已者也。

赠诗一首

庞石帚

莘莘唐居士,高材孰见收。孟疏勤削稿,墨辩慨横流。渐白冲冠发,恒摇仰屋头。嘉陵春水绿,浩荡羡闲鸥。

《辛未旅燕杂诗》第六十八首

彭云生

昔哭故人宅,今勘故人书。故人在何所,开书与之俱。姜斋志可伤,蕺山言非迂。夫天未欲治,太息失真儒。

挽唐铁风一首

林思进

苦语成生别,重来竟不然。奇穷嗟至此,天道究谁怜。妇有黔娄节,人悲扈载年。七篇仁义旨,强聒若为传。(君近来极推尊孟子之学。)

读唐迪风先生《孟子大义》感赋
周绍贤

焚香恭坐读遗编，大道从来一脉传。智水仁山通圣境，孔门义路隐唐贤。至言谠论春秋笔，鲁雨邹风金玉篇。泰斗光辉空慕想，邈然默契是前缘。

民国卅三年重航日记（由成都至法国）
魏时珍

熊君东明来此，为僧众讲《摄大乘论》，东明信佛极笃，人见辄与谈，能解不能解皆不考。亡友唐君迪风者，信儒学亦深，遇后生小子，辄亦口讲指画，劝尊孔氏，其情之切，直欲负之而趋，至其侘傺感时，则往往悲歌慷慨，至于流涕。迪风之于儒，东明之于释，虽好当各殊，而笃信则一。予平生师友不少，所推服者亦多，而能忠于所学，不少苟且，信道笃而自知明者，殆未有如此二人者也。